서울의 예수

정호승 시선

서울의 예수

오늘의 시인 총서 15

민음사

차례

거짓말의 시를 쓰면서 ─── 9
개망초꽃 ─── 10
가고파 ─── 12
봄편지 ─── 13
눈물꽃 ─── 14
그날 밤 ─── 15
겨울 소년 ─── 17
소월로에서 ─── 18
아리랑 고개 ─── 20
낙태 ─── 21
아버지 ─── 22
봄눈이 오는 날 편지를 부친다 ─── 23
소년의 기도 ─── 24
서대문 하늘 ─── 25
막배를 기다리며 ─── 27
자선 냄비 ─── 28
부활절 ─── 29
기다리는 편지 ─── 31
또 기다리는 편지 ─── 33
마지막 편지 ─── 34
가을 일기 ─── 36
컬러텔레비전 ─── 38
이 가을 어딘가에 ─── 40
고요한 밤 거룩한 밤 ─── 42
마더 데레사 ─── 44

차례

며칠 후 며칠 후 ──────────────── 45
서울의 예수 ───────────────── 46
시인 예수 ────────────────── 50
비 오는 사람 ──────────────── 52
서울 복음 1 ──────────────── 53
서울 복음 2 ──────────────── 55
공동 기도 ────────────────── 57
서울에는 바다가 없다 ─────────── 58
우리들 서울의 빵과 사랑 ────────── 59
불빛소리 ────────────────── 60
염천교 다리 아래 비는 내리고 ─────── 61
밤 지하철을 타고 ─────────────── 63
서울을 떠나는 자에게 ───────────── 64
서울에 살기 위하여 ────────────── 65
사랑노래 ────────────────── 66
이별노래 ────────────────── 67
우리가 어느 별에서 ────────────── 68
모닥불을 밟으며 ──────────────── 70
짜장면을 먹으며 ──────────────── 71
아기의 손톱을 깎으며 ──────────── 72
그리운 사람 다시 그리워 ──────────── 74
밤길에서 ────────────────── 75
국립서울맹학교 ──────────────── 77
맹인촌에 가서 ──────────────── 79
희망을 만드는 사람이 되라 ─────────── 80

차례

꿀벌 ——————————————————— 82
구두 닦는 소년 ——————————————— 84
유관순 1 ——————————————————— 85
가두 낭송을 위한 시 1 ———————————— 86
파도타기 ——————————————————— 87
눈사람 ——————————————————— 88
맹인 부부 가수 ——————————————— 90
혼혈아에게 ————————————————— 92
슬픔을 위하여 ——————————————— 94
슬픔은 누구인가 ——————————————— 95

해설/정과리
민중적 감성의 부드러운 일깨움 ——————— 97
연보 ————————————————————— 135

거짓말의 시를 쓰면서

창 밖에 기대어 흰 눈을 바라보며
얼마나 거짓말을 잘할 수 있었으면
시로써 거짓말을 다할 수 있을까.

거짓말을 통하여 진실에 이르는
거짓말의 시를 쓸 수 있을까.
거짓말의 시를 읽고 겨울밤에는
그 누가 홀로 울 수 있을까.

밤이 내리고 눈이 내려도
단 한 번의 참회도 사랑도 없이
얼마나 속이는 일이 즐거웠으면
품팔이하는 거짓말의 시인이 될 수 있을까.

생활은 시보다 더 진실하고
시는 삶보다 더 진하다는데
밥이 될 수 없는 거짓말의 시를 쓰면서
어떻게 살아 있기를 바라며
어떻게 한 사람의
희망이길 바랄 수 있을까.

개망초꽃

죽은 아기를 업고
전철을 타고 들에 나가
불을 놓았다

한 마리 들짐승이 되어 갈 곳 없이
논둑마다 쏘다니며
마른 풀을 뜯어 모아

죽은 아기 위에
불을 놓았다

겨울새들은 어디로 날아가는 것일까

붉은 산에 해는 걸려
넘어가지 않고

멀리서 동네 아이들이
미친년이라고 떠들어대었다

사람들은 왜
무시래기국 같은 아버지에게
총을 쏘았을까

혁명이란 강이나 풀,
봄눈 내리는 들판 같은 것이었을까

죽은 아기 위에 타오르는
마른 풀을 바라보며

내 가랑이처럼 벗고 드러누운
들길을 걸었다

전철이 지나간 자리에
피다 만 개망초꽃

가고파

봄날에 죽은 나라 눈물의 나라
봄눈이 오기 전에 산마루 돌아
강 건너 소주 취해 죽은 봄나라
백일홍 지면 천일홍 피지
쑥부쟁이 피는 나라 팔려간 나라
밀짚꽃 피는 나라 사막의 나라

봄편지

나라에 큰 슬픔이 있었고
나에게 눈물이 있었다
나라에 큰 침묵이 있었고
너에게 통곡이 있었다
꽃은 피고 해는 지고
꽃샘바람 부는 침묵의 창가에서
사람들은 거미줄에 매달려 살기 시작하였다
날마다 십자가에는
낯 모르는 사내들이 매달렸다 내려왔다

눈물꽃

봄이 가면 남쪽 나라 눈물꽃 피네
보리피리 불면 보리꽃 피고
까마귀 울어대면 감자꽃 피더니
봄은 가고 남쪽 나라 눈물꽃 피네
눈물꽃 지고 나면 무슨 꽃 필까
종다리 솟아 날면 장다리꽃 피고
눈물바람 불어대면 진달래꽃 피는데
눈물꽃 지고 나면 무슨 꽃 필까
눈물꽃은 모래꽃 남쪽 나라 꽃
눈물꽃 씨앗 하나 총 맞아 죽어
봄이 가면 남쪽 나라 눈물꽃 피네

그날 밤

인기척이 사라지고 그날 밤 누가 저벅저벅 걸어왔다
마음을 찢어들고 누가 평화가 왔다고 노래를 불렀다
12월의 나뭇가지들은 추워서 비명을 지르고
하늘에는 별들도 흐르지 않았다
밤의 그림자가 사람들을 덮치고 총소리에 놀라
이슬들이 풀잎 위에 쓰러졌다 땅이 흔들리고 사람들이 흩어지고
산들은 깊은 바닷속에 빠졌다
착한 자의 모든 등불은 꺼지고 빛 좋은 개살구는
개살구가 아니라고 소리쳤다 한강을 건너지 못하고
그날 밤 나는 영등포 어느 여관방에서
다산 시집을 읽으며 눈물의 잠이 들었다
따뜻할 수 없는 이 세상 모든 집들
나는 어디든 물 흐르는 곳으로 가고 싶었나 땅 끝까지 걸으며
사랑과 자유의 노래를 부르고 싶었다
물고기 두 마리와 보리떡 다섯 개로는 여전히 배가 고팠다
어둠의 나라에 사는 나무들은 심기가 무섭게 뽑혀 나

갔고
　푸른 칼들이 언 하늘에서 떨어졌다 12월의 사람들은
　서둘러 벼랑 위에 길을 내었고 그날 밤
　종이새 한 마리 울면서 한반도 위를 날아갔다

겨울 소년

별들에게 껌을 팔았다
지게꾼들이 지게 위에 앉아 떨고 있는
서울역에서 서부역으로 가는 육교 위
차가운 수은등 불빛이 선로 위에 빛나는 겨울밤
라면에 만 늦은 저녁밥을 얻어먹고
양동에서 나온 소년
수색으로 가는 밤기차의 기적 소리를 들으며
별들에게 껌을 팔았다
밤늦도록 봉래극장 앞을 서성거리다가
중림동 성당의 종소리를 듣는
겨울 소년

소월로에서

어느 봄날 소월로에서
김소월을 만났다는 한 소년이 있었다.

흰 고무신을 신고 국립중앙도서관 쪽으로
담배꽁초를 주우며 걸어가던 김소월이
소월시비가 어디 있느냐고 그 소년에게 물었다고 한다.

그리고 그 다음날 소년은
일본놈들에게 몰매 맞아 실성한 아버지를 모시고
새벽 산책 나온 김소월을 또 만난 뒤
날마다 산유화를 외우며 소월을 따라다녔다고 한다.

어느 날 봄비가 4·4조로 내리던 날에는
비닐우산을 들고 소월이 해방촌을 바라보며
사람은 뒷모습이 아름다워야 한다고 울면서
술 취한 얼굴로 말했다고 한다.

또 어떤 날에는 죽은 저녁 노을을 바라보다가
어느 여자와 얼굴을 가리고 밤늦게

소월이 남산여관으로 들어갔다고도 한다.

그 뒤 소월과 소년은
남산식물원 비둘기떼에 모이를 주며 놀다가
봄안개 속으로 손을 흔들며 헤어졌다는데
그 소년이 노인이 되어 다시 소월로에 와보니

정음사판 소월시집을 들고 소월은
피 묻은 진달래 꽃잎을 뿌리며 여전히
해방촌을 바라보며 울고 있었다고 한다.

아리랑 고개

아리랑 고개 너머
찔레꽃 핀다기에
아리랑 고개 너머
공단이 선다기에
찔레꽃 그리워서
라면 하나 끓여 먹고
새벽길 텃밭에서
어머니를 뿌리치고
봄날에 흘린 눈물
봄노래가 될 때까지
봄이 오는 아리랑 고개
홀로 넘는다
아리랑 고개 너머
그리움 있다기에
아리랑 고개 너머
슬픈 사람 산다기에

낙태

새야 새야 아기새야
해 뜨기 전에 울지 마라
꽃 피기 전에 울지 마라
해 뜨지 않으면 산으로 가고
꽃 피지 않으면 들로 가서
새야 새야 아기새야
초승달 속에 잠자다가
봄눈 내리거든 울거라
봄비 오거든 울거라
봄눈 내리는 날에는 에미가 울고
봄비 오는 날에는 애비가 운다

아버지

눈이 오는 날이면 아버지는
가난하였으므로 행복하였다

빚잔치를 하고 고향을 떠나
숟가락도 하나 없이 식구들을 데리고

믿는 도끼에 찍힌 발등만 쳐다보며
내 집 한 칸 없이 살아오신 아버지

눈이 오는 날이면 언제나
가난하였으므로 행복하였다

봄눈이 오는 날 편지를 부친다

용서하지 못하는 자를 위하여
봄눈이 오는 날 편지를 부친다

용서할 수 없는 자에게 보내는 편지를 쓰며
사람들이 울면서 잠드는 밤

한 사람의 마음을 용서하기 위하여
마지막 잎새 하나 땅 위에 떨어지고

또 한 사람의 마음을 용서하기 위하여
또 한 사람의 들녘이 저물어간다

용서하지 못하는 자의 어깨 위에 기대어
날마다 위로받지 못하는 자의 눈물이여

사랑할 수 없는 자를 용서하기 위하여
봄눈이 오는 날 편지를 부친다

소년의 기도

봄이 오면 아버지 돌아오세요
나라에 죄가 많아 어둠이 깊어가도
숫색시적 어머니가 잠들기 전에
살구꽃 살짝 피면 돌아오세요
양복점 심부름꾼으로 눈칫밥을 먹다가
바다가 보이는 소년원에서
파도소리에 아버지가 그리웠어요
가봉한 양복의 실밥을 뽑으면서
양복마다 손님들의 이름을 새기면서
기다려도 끝끝내 오지 않던 아버지
죄 없는 사람 잡아간다고 길길이 뛰며
콩밭 이랑 사이로 잡혀가던 아버지
죄는 미워도 미운 사람은 없다고
바다와 노인처럼 살아가야 한다고
소년원 김 선생님이 등 두드려줄 때마다
수평선에 내려앉는 한 마리 갈매기로
아버지 가슴속에 내려앉아 울었어요
봄은 와도 날은 이미 저물었으니
돌아와요 아버지 개망초꽃 필 때까지
해마다 동생들이 콩새처럼 울어요

서대문 하늘

죄 없는 푸른 하늘이었다.
술병을 깨어 들고 가을에
너를 찔러 죽이겠다고 날뛰던 사막의 하늘.
어머니가 주는 생두부를 먹으며
죄 없는 푸른 가을이었다.

죄의 상처를 씻기 위하여 하늘을 보며
눈물을 흘리는 사람이 되기보다
눈물을 기억하는 사람이 되고 싶었다.
비 오는 창살 밖을 거닐며
아름다운 눈물의 불씨도 되고 싶었다.

데모를 한 친구의 어머니가 울고 간 날이면
때때로 가을비도 내려
홀로 핀 한 송이 들국화를 생각하며
살고 싶은 것은 진정 부끄러움이 아니었다.

운명을 사랑한다는 거짓말을 하지 않아도
해는 지고 바람은 불어오고
사막의 하늘이 어두워질 때까지

죄 없는 푸른 별들이었다.
죄 없는 푸른 사람이었다.

막배를 기다리며

노을 지는 강가에 나가
막배를 기다리며
이제 기다릴 것은 다 기다렸으나
기다리는 막배가 오지 않았다

자선 냄비

봄날 어느 날
사랑에 굶주려 죽은 사람 있어
자선 냄비를 들고 거리에 나가
구세군의 종소리를 울려보았다
어제는 종로에 찬비 뿌리고
아지랑이 속으로 종소리는 울렸는데
봄밤이 올 때까지
아무도 동전 한 닢 던져주지 않았다
불쌍한 내 이웃의 이름을 부르며
사랑에 굶주려 죽은 사람아
사람 너머로 해는 지고
들꽃 한 송이 들을 지키는데
봄밤에 술 취한 사내들이
자선 냄비를 힘껏 걷어차고 지나갔다
봄밤이 지나도록
달빛에 찌그러져 나뒹구는 자선 냄비 하나

부활절

냉이꽃이 피었다 들녘에 종이 울리고
촛불은 켜지지 않았다 반월 공단의 풀들이
바람에 나부끼고 청년들은 결핵을 앓으며
야근을 하였다 별들만 하나 둘 고향으로 떠나가고
첫닭이 울었다 종짓불을 밝히고
재 너머 옷장사 나가시던 어머니는
산나리꽃으로 피었다 사람들은 관광버스를 타고
금식기도 하러 기도원으로 떠나가고
희망에게 보내는 편지를 들고
봄길에 늙은 집배원은 쓰러졌다
이혼하기 위하여 남녀들은 결혼식을 올리고
가슴에 산을 가진 사람들은 술을 마시며
산 너머 또 산이 있다고 떠들어대었다
몇 명의 저녀들은 웃으면서 판잣집에 사는 것보다
울면서 맨션아파트에 사는 게 더 행복하다고
민들레를 꺾었다 교회 건축 공사장에서 목사가 죽고
장미아파트 옥상 위에서 임신한 처녀가
알몸으로 떨어져 죽었다 그날따라
구두 닦는 소년들은 공안원들에게 끌려가 매를 맞고

아무도 일곱 번씩 일흔 번을 용서하지 않았다
자기의 목숨을 잃지 않기 위하여 누구나
자기의 목숨을 사랑하지 않았다 질경이꽃들이 시들고
물위를 걸어가던 베드로가 다시 물에 빠졌다

기다리는 편지

서울에도 오랑캐꽃이 피었습니다
쑥부쟁이 문둥이풀 바늘꽃과 함께
피어나도 배가 고픈 오랑캐꽃들이
산동네마다 무더기로 피었습니다
리어카를 세워놓고 병든 아버지는
오랑캐꽃을 바라보며 술을 마시고
물지게를 지고 산비탈을 오르던 소년은
새끼줄에 끼운 연탄을 사들고
노을 지는 산 아래 아파트를 바라보며
오랑캐꽃 한 송이를 꺾었습니다
인생은 풀과 같은 것이라고
가장 중요한 것은 착하게 사는 것이라고
산 위를 오르며 개척교회 전도사는
술 취한 아버지에게 자꾸 밀을 길고
아버지는 오랑캐꽃 더미 속에 파묻혀 말이 없었습니다
오랑캐꽃 잎새마다 밤은 오고
배고픈 사람보다 더 가난한 사람들이
산그늘에 모여 앉아 눈물을 돌로 내려찍는데
가난이 없는 세상을 만들기 위해서는

서로 함께 가난을 나누면 된다는데
산다는 것은 남몰래 울어보는 것인지
밤이 오는 서울의 산동네마다
피다 만 오랑캐꽃들이 울었습니다

또 기다리는 편지

지는 저녁해를 바라보며
오늘도 그대를 사랑하였습니다
날 저문 하늘에 별들은 보이지 않고
잠든 세상 밖으로 새벽달 빈 길에 뜨면
사랑과 어둠의 바닷가에 나가
저무는 섬 하나 떠올리며 울었습니다
외로운 사람들은 어디론가 사라져서
해마다 첫눈으로 내리고
새벽보다 깊은 새벽 섬기슭에 앉아
오늘도 그대를 사랑하는 일보다
기다리는 일이 더 행복하였습니다

마지막 편지

순아 오늘도 에미는 네가 보고 싶어
아픈 몸을 이끌고 역에 나갔다
와닿는 열차의 어느 칸에서고 네가
금방이라도 웃으면서 내릴 것 같아
차마 발길을 못 돌리고 에미는 또 울었다

남들은 다들 배우러 간다는데
원수놈의 돈을 벌어보겠다고
이른 새벽 종짓불 밝혀서 쑥국밥을 먹고
네가 고향을 떠나던 날
웬놈의 진눈깨비는 그렇게 뿌렸는지

처음엔 어느 곳 시다로 있다더니
곧 미싱사 보조가 되어 월급도 올랐다고
좋아라고 보내오던 네 편지
봉투째 부쳐오던 네 월급

이번 구정엔 틀림없이 에미 보러 온다기에
에미는 동네마다 옷장사를 나갔는데

눈 오는 시장바닥을 떠돌면서 기다렸는데
연탄가스에 중독되어 네가 먼저 가다니
이 에미를 남겨두고 네가 먼저 가다니

썰렁한 네 자취방 윗목에는
아직도 빈 라면 봉지가 나뒹구는데
순아 하늘에는 겨울에 무슨 꽃이 피더냐
이 겨울 하늘에도 눈물꽃이 피더냐

가을 일기

나는 어젯밤 예수의 아내와 함께 여관잠을 잤다
영등포시장 뒷골목 서울여관 숙박계에
내가 그녀의 주민등록번호를 적어넣었을 때
창 밖에는 가을비가 뿌렸다 생맥줏집 이층 서울교회의
네온사인 십자가가 더 붉게 보였다
낙엽과 사람들이 비에 젖으며 노래를 부르고
길 건너 쓰레기를 태우는 모닥불이 꺼져갔다
김밥 있어요 아저씨 오징어나 땅콩 있어요
가을비에 젖은 소년이 다가와 나에게 김밥을 팔았다
김밥을 먹으며 나는 경원극장에서 본 영화
벤허를 이야기했다 비바람이 치면서
예수가 죽을 때 당신은 어디에 있었느냐고 물었다
그녀는 말없이 먹다 남은 김밥을 먹었다
친구를 위하여 내 목숨을 버릴 수 없는 나는
아무래도 예수보다 더 오래 살 것 같아 미안했다
어디선가 호루라기 소리가 들리기 시작하자
곧 차소리가 끊어지고 길은 길이 되었다
바퀴벌레 한 마리가 그녀가 벗어논 속치마 위로 기어갔다

가을에도 씨뿌리는 자가 보고 싶다는
그녀의 마른 젖가슴에 얼굴을 묻으며 불을 껐다
빈 방을 찾는 남녀들의 어지러운 발소리가 들리고
그녀의 야윈 어깨가 가을 빗소리에 떨었다
예수는 조루증이 있어요 처음엔 고자인 줄 알았죠
뜨거운 내 손을 밀쳐내며 그녀는 속삭였다
피임을 해야 해요 인생은 짧으나 피임을 해야 해요
나는 여관 종업원을 불러 날이 새기 전에
우리는 피임을 해야 한다고 분명히 말했다 그러나
돌아오겠다던 종업원은 돌아오지 않고 귀뚜라미만 울었다
가을비에 떨면서 영등포 경찰서로 끌려 들어가는
사람들의 발소리가 계속 들렸다 그때
서울교회의 새벽 종소리가 울려퍼졌다

컬러텔레비전

컬러텔레비전을 사들고 추석날
고향으로 가는 친구와 밤기차를 탔다
이제 저 마른 땅처럼 버려진 부모님이
앞으로 사시면 얼마나 더 사시겠냐고
컬러텔레비전을 보시면 얼마나 더 보시겠냐고
종이컵에 소주를 부어 마시며 친구는
밤이 깊도록 나에게 잔을 돌렸다
이번 추석엔 꼭 다녀가라는
이제는 너도 장가를 가야 되지 않겠느냐는
주름진 아버지의 편지를 받고 이태 만에
고향으로 가는 밤기차의 차창에 마음을 기대고
나는 왠지 눈앞이 흐려왔다
고구마 넝쿨을 북돋우어 주다가 고개를 들면
고추 모종에 대를 세우고 계시던 아버지
논물을 대시느라 밤샘하신 얼굴이
키가 불쑥 큰 들깻잎 같던 아버지
태풍에 쓰러진 벼포기를 일으켜 세우며
개흙 묻은 하늘을 바라보던 아버지에게
이 가을 빈손으로 찾아가는 나는 누구인가

컬러텔레비전에 기대어 친구는 잠이 들고
꿈속에서도 고향을 만나는지 밤기차는 달리는데
나는 잠이 오지 않았다 어두운 차창 속에서
늙은 어머니가 들밥을 이고
말없이 논두렁으로 나오시는 게 보였다

이 가을 어딘가에

가을이 되자 이혼한 누님은
이 가을 어딘가에 기쁨이 있다고
어느 날 홀트아동복지회에 버려진 아기
선천성 무안구 맹아의 위탁모가 되었다
아기들은 언제나 가랑잎처럼
또 다른 나라로 바다 건너 떠나가지만
누님은 해바라기 핀 앞마당에 나가
연탄불을 피워놓고 우유병을 끓이며
눈먼 아기의 가을하늘을 바라보았다
아기들이 울고 싶을 때
울지 못하는 일만큼 비참한 일은 없다고
오히려 아기가 울 때 웃던 누님
나는 왜 어릴 때 가을 냇가에 버려진
아기들을 향하여 돌을 던졌을까
막대기로 신나게 죽은 아기를 찌르며
덮어둔 가마니마저 들쑤셨을까
기저귀를 갈면서 누님의 가을은 지나가고
누님과 내가 툇마루에 앉아
해바라기 씨앗을 까던 그날 저녁

맹인 피아노 조립공인 양부모를 만나러
누님의 눈먼 아기는 미국으로 떠나갔다
그날 아기가 한국의 가을 하늘을 떠나던 날
해바라기 씨앗 하나 아기 손에 쥐어주고
기어이 울지 않던 가을의 누님

고요한 밤 거룩한 밤

눈은 내리지 않았다
강가에는 또다시 죽은 아기가 버려졌다
차마 떨어지지 못하여 밤하늘에 별들은 떠 있었고
사람들은 아무도 서로의 발을 씻어주지 않았다
육교 위에는 아기에게 젖을 물린 여자가 앉아 있었고
두 손을 내민 소년이 지하도에 여전히 엎드려 있었다
바다가 보이는 소년원에 간 소년들은 돌아오지 않고
미혼모 보호소의 철문은 굳게 닫혀 있었다
집 나온 처녀들은 골목마다 담배를 피우며
산부인과 김 과장 이야기로 꽃을 피웠다
돈을 헤아리며 구세군 한 사람이 호텔 앞을 지나가고
적십자사 헌혈차 속으로 한 청년이 끌려갔다
짜장면을 사 먹고 눈을 맞으며 걷고 싶어도
그때까지 눈은 내리지 않았다
전철을 탄 눈먼 사내는 구로역을 지나며
아들의 손을 잡고 하모니카를 불었다
사랑에 굶주린 자들은 굶어 죽어갔으나
아무도 사랑의 나라를 그리워하지 않았다
기다림은 용기라고 말하지 않았다

죽어가는 아들을 등에 업은 한 사내가
열리지 않는 병원 문을 두드리며 울고 있었고
등불을 들고 새벽송을 돌던 교인들이
그 사내를 힐끔 쳐다보고 지나갔다
멀리 개 짖는 소리 들리고
해외 입양 가는 아기들이 울면서 김포공항을 떠나갔다

마더 데레사

찔레꽃이 피던 날 한국을 떠나면서
그녀는 가난한 사람의 이름을 부르지 않았다
찔레꽃 흰 꽃잎이 봄바람에 흩날려도
그녀는 봄날에 홀린
한국의 눈물을 흘리지 않았다
사랑과 평화의 등불조차 밝히지 않고
그녀가 잠시 한국의 봄밤에 머무는 동안에도
부서진 산 위의 집들은 또다시 부서지고
바람에 흔들려야 나뭇잎은 노래를 불렀다
버스를 타고 소년들은 밤늦도록 껌 팔러 다니고
낙태한 처녀들은 웃으면서 골목길을 쏘다녔다
교도소에서 갓 나온 갈 곳 없는 여자들은
용산역 앞 어느 늙은 포주를 따라가고
결국 가난이 없는 세상은 오지 않았다
봄밤이 지나도록 찔레꽃이 떨어져도
찔레꽃이 떨어져서 사람들이 울고 가도
아무도 한국에서는 그녀의 등불 하나
바람 부는 사립문 앞에 달아놓지 않았다

며칠 후 며칠 후

요단강 강둑에 할미꽃 핀다
요단강 앞산에 진달래 핀다
지난 봄 요단강에 버려진 아가
지난 겨울 요단강에서 얼어 죽은 아가
이제 우리 요단강이 흐린 날에는
두 번 다시 헤어지지 말기로 하자
그리워 돌아서서 별을 바라보며
별을 바라보는 사람의 마음을 바라보면
이제는 별들도 보이지 않고
찬바람만 사람들을 쓸쓸하게 한다
이제 우리 요단강이 흐린 날에는
두 번 다시 헤어지지 말기로 하자
며칠 후 며칠 후 술잔을 들고
며칠 후 며칠 후 김밥을 먹고
요단강 건너가 너를 만나면
봄이 오는 산에 들에 술잔 뿌리며
요단강 건너가 너를 만나면

서울의 예수

1

예수가 낚싯대를 드리우고 한강에 앉아 있다. 강변에 모닥불을 피워놓고 예수가 젖은 옷을 말리고 있다. 들풀들이 날마다 인간의 칼에 찔려 쓰러지고 풀의 꽃과 같은 인간의 꽃 한 송이 피었다 지는데, 인간이 아름다워지는 것을 보기 위하여, 예수가 겨울비에 젖으며 서대문 구치소 담벼락에 기대어 울고 있다.

2

술 취한 저녁. 지평선 너머로 예수의 긴 그림자가 넘어간다. 인생의 찬밥 한 그릇 얻어먹은 예수의 등뒤로 재빨리 초승달 하나 떠오른다. 고통 속에 넘치는 평화, 눈물 속에 그리운 자유는 있었을까. 서울의 빵과 사랑과, 서울의 빵과 눈물을 생각하며 예수가 홀로 담배를 피운다. 사람의 이슬로 사라지는 사람을 보며, 사람들이 모래를 씹으며 잠드는 밤. 낙엽들은 떠나기 위하여 서울에 잠시 머물고, 예수는 절망의 끝으로 걸어간다.

3

목이 마르다. 서울이 잠들기 전에 인간의 꿈이 먼저 잠들어 목이 마르다. 등불을 들고 걷는 자는 어디 있느냐. 서울의 들길은 보이지 않고, 밤마다 잿더미에 주저앉아서 겉옷만 찢으며 우는 자여. 총소리가 들리고 눈이 내리더니, 사랑과 믿음의 깊이 사이로 첫눈이 내리더니, 서울에서 잡힌 돌 하나, 그 어디 던질 데가 없도다. 그리운 사람 다시 그리운 그대들은 나와 함께 술잔을 들라. 눈 내리는 서울의 밤하늘 어디에도 내 잠시 머리 둘 곳이 없나니, 그대들은 나와 함께 술잔을 들라. 술잔을 들고 어둠 속으로 이 세상 칼끝을 피해 가다가, 가슴으로 칼끝에 쓰러진 그대들은 눈 그친 서울밤의 눈길을 걸어가라. 아직 악인의 등불은 꺼지지 않고, 서울의 새벽에 귀를 기울이는 고요한 인간의 귀는 풀잎에 젖어, 목이 마르다. 인간이 잠들기 전에 서울의 꿈이 먼저 잠이 들어 아, 목이 마르다.

4

사람의 잔을 마시고 싶다. 추억이 아름다운 사람을 만나, 소주잔을 나누며 눈물의 빈대떡을 나눠 먹고 싶다. 꽃잎 하나 칼처럼 떨어지는 봄날에 풀잎을 스치는 사람의 옷자락 소리를 들으며, 마음의 나라보다 사람의 나라에 살고 싶다. 새벽마다 사람의 등불이 꺼지지 않도록 서울의 등잔에 홀로 불을 켜고 가난한 사람의 창에 기대어 서울의 그리움을 그리워하고 싶다.

5

나를 섬기는 자는 슬프고, 나를 슬퍼하는 자는 슬프다. 나를 위하여 기뻐하는 자는 슬프고, 나를 위하여 슬퍼하는 자는 더욱 슬프다. 나는 내 이웃을 위하여 괴로 위하지 않았고, 가난한 자의 별들을 바라보지 않았나니, 내 이름을 간절히 부르는 자들은 불행하고, 내 이름을 간절히 사랑하는 자들은 더욱 불행하다.

시인 예수

그는 모든 사람을
시인이게 하는 시인.
사랑하는 자의 노래를 부르는
새벽의 사람.
해 뜨는 곳에서 가장 어두운
고요한 기다림의 아들.

절벽 위에 길을 내어
길을 걸으면
그는 언제나 길 위의 길.
절벽의 길 끝까지 불어오는
사람의 바람.

들풀들이 바람에 흔들리는 것을
용서하는 들녘의 노을 끝
사람의 아름다움을 아름다워하는
아름다움의 깊이.

날마다 사랑의 바닷가를 거닐며

절망의 물고기를 잡아먹는 그는
이 세상 햇빛이 굳어지기 전에
홀로 켠 인간의 등불.

비 오는 사람

그대 빈 들에
비 오는 사람

술도 집도 없이
배고픈 사람

사람들을 만나러 가기 위하여
떠나가는 사람들의
옷 적시는 사람

사랑하는 마음으로
살아가고 싶다더니

빈집에 새벽부터
비 오는 사람

서울 복음 1

서울의 이름으로 너희에게 평화 있어라.
오늘도 쓸쓸한 봄풀을 바라보며
너희는 정성을 다하여 마음을 고요히 하라.
서울에는 진정으로
감사의 눈물을 흘리는 자가 아직 없나니
빈 들에 마른 풀 같은 너희는 이제
서울의 이름으로 봄밤을 흔들어 깨우라.
목마른 자가 물 마시는 꿈을 꾸다가
새벽에 깨어나서 더욱 목말라 하고
송장메뚜기 한 마리가
온 나라의 들풀을 갉아먹고 혼자 웃나니
사람들의 뜯어먹을 풀 한 포기 없는
서울의 이름으로 너희에게 기다림이 있어라.
속는 자와 속이는 자가 다 너희 손 안에 있고
오늘도 늙은 여인은 창가에 기대앉아 울고 있다.
너희는 불빛 하나 새지 않는 서울의 창문을 열고
봄밤에 가난한 사람의 눈물을 닦아라.
하늘의 별에게 슬픈 일이 생기면
그 해의 첫눈이 내리고

하늘의 별에게 또다시 슬픈 일이 생기면
그 해의 봄눈이 내리나니
사랑할 수 있는 자만이 미워할 수 있고
미워할 수 있는 자만이 사랑할 수 있나니
서울의 이름으로 너희는 서로 사랑하라.
서울의 이름으로 너희에게 사랑 있어라.

서울 복음 2

너희는 너희에게 상처 준 자를 용서하라.
한 송이 눈송이 타는 가슴으로
마른 나뭇가지마다 하얀 눈꽃으로
너희는 너희를 미워하는 자에게 감사하라.
감사가 없는 곳에 사랑이 없고
용서가 없는 곳에 평화가 없나니

너희는 평화가 너희를 다스리게 하라.
정직한 자가 이 땅 위에 꽃을 피우고
모든 아름다운 것들을 너희는 사랑하라.
굶주린 자의 밥그릇을 빼앗지 말고
목마른 자의 물대접을 차버리지 말고
오직 너희가 너희를 불쌍히 여기라.

눈 내리는 새해 아침에는
절망으로 흩어진 사람들이 모여 앉아
눈물의 굳은 빵을 나눠 먹는 일은 행복하다.
날마다 사랑의 나라를 그리워하면
사랑하는 일보다

기다리는 일이 더 행복하다.

너희는 바람이 불 때마다
언제나 괴로워하지 않았느냐.
사랑과 믿음의 어둠은 깊어가서
바람에 풀잎들이 짓밟히지 않았느냐.
아직도 가난할 자유밖에 없는
아직도 사랑할 자유밖에 없는
너희는 날마다 해 뜨는 곳에
그리움과 기다림의 씨를 뿌려라.

평화를 위하여 기도했던 사람들이 돌아오는
눈길 위를 걸으며 너희는 기도하고
언제나 새벽에 깨어나 목말라 하라.
오늘도 어둠 속에 함박눈은 내리나니
거룩한 사람 하나 눈길 위를 걸어오나니
너희는 새해에 그 눈길 위에 엎드려
너희에게 상처 준 자를 용서하라 사랑하라.

공동 기도

고통의 기쁨 앞에
고통의 마지막 기쁨의 자유 앞에
사람들이 모여서 뜯어먹는 빵의 눈물 앞에
저희들로 하여금 무릎 꿇게 하소서.
절망하는 자들의 절망의 바람과
불행한 자들의 불행의 노래와
사랑이 적은 자들의 용서함의 사랑 앞에
마음을 다하여 고요히 엎드리게 하소서.
시대마다 사랑은 사람을 부르오나
저희들의 잔은 넘치지 아니하고
괴로워하기 위하여 저희는 기뻐하고
기뻐하기 위하여 저희는 또한 괴로워하나니
기쁨의 고통 앞에
기쁨의 마지막 고통의 자유 앞에
또다시 고요히 엎드리게 하시고
불쌍히 여기심 속에서 저희를 용서하소서.

서울에는 바다가 없다

서울에는 바다가 없다
서울에는 사람 낚는 어부가 없다
바다로 가는 길이 보이지 않아
서울에는 동백꽃이 피지 않는다
사람들이 이슬에 젖지 않는다
서울의 눈물 속에 바다가 보이고
서울의 술잔 속에 멀리 수평선이 기울어도
서울에는 갈매기가 날지 않는다
갯바람이 불지 않는다
서울에 사는 사람들은
바다를 그리워하는 일조차 두려워하며
누구나 바다가 되고 싶어한다

우리들 서울의 빵과 사랑

노래하리라 비 오는 밤마다
우리들 서울의 빵과 사랑
우리들 서울의 전쟁과 평화

인간을 위하여
인간의 꿈조차 지우는 밤이 와서
우리들 함께 자는 여관잠이
밤비에 젖고

찬비 오는 여관밤의 창문 밖으로
또다시 세월이 지나가도
사랑에는 사랑꽃
이별에는 이별꽃을 피우며

노래하리라 비 오는 밤마다
목마를 때 언제나 소금을 주고
배부를 때 언제나 빵을 주는
우리들 서울의 빵과 사랑
우리들 서울의 꿈과 눈물

불빛소리

남대문 직업안내소 창 밖에 눈이 내린다.
눈보라 속을 가듯 눈보라 속을 가듯
서울역은 어디론가 저 혼자 간다.
대합실 돌기둥에 기대어 아이는 잠이 들고
애비는 혼자서 술을 마신다.
지금쯤 고향에도 눈이 내릴까.
지난 가을 밤하늘에 초승달 걸렸을 때
소 몇 마리 몰고 가던 소몰이꾼은
지금도 소를 몰고 걷고 있을까.
흐르면 흐르는 대로 흐르는 나는
남대문 직업안내소 창 밖의 눈송이로 내리고
부녀상담소 여직원은 아직 보이지 않는다.
이제 막 밤열차에서 내린 사람들이
눈사람이 되어 하늘을 쳐다본다.
누가 모든 사람의 눈물을 닦아줄 수 있을까.
사람들은 왜 상처를 입는 것일까.
하늘의 눈꽃이 다시 피어 시들고
빈 지게 지고 가는 청년 한 사람.
성긴 눈발 사이로 들리는 불빛소리.

염천교 다리 아래 비는 내리고

염천교 다리 아래 비는 내리고
내 힘으로 배우고 성공하자는
구인광고 벽보판에 겨울비는 내리고
서울역을 서성대던 소년 하나
빗속을 뚫고 홀로 어디로 간다

서울역에 서서히 어둠은 내리는데
서울역전우체국 앞에도 비는 내리는데
아저씨, 어디로 가시는지
신문 한 장 사 보세요, 네?
신문팔이 소녀의 목소리는 겨울비에 젖는다

서울역 시계탑 아래에서 만나던 순아
돌아갈 곳 없이 깊어가는 서울밤
사람들의 가슴마다 불이 켜지고
무작정 상경한 소녀는 비에 젖어
어느 남자 손에 이끌려 소리 없이 사라지는데

염천교 다리 아래 비는 내리고

염천교 다리 아래 빈 기차는 지나가고
흔들리는 빈 기차의 흐린 불빛 하나
젖은 내 가슴을 흔들고 지나간다
여관방의 불빛도 비에 젖는데

밤 지하철을 타고

지하철을 타고 가는 눈 오는 밤에
불행한 사람들은 언제나 불행하다
사랑을 잃고 서울에 살기 위해
지하철을 타고 끝없이 흔들리면
말없이 사람들은 불빛 따라 흔들린다

흔들리며 떠도는 서울밤의 사람들아
밤이 깊어갈수록 새벽은 가까웁고
기다림은 언제나 꿈속에서 오는데
어둠의 꿈을 안고 제각기 돌아가는
서울밤에 눈 내리는 사람들아

흔들리며 서울은 어디로 가는가
내 사랑 어두운 나의 사랑
흔들리며 흔들리며 어디로 가는가
지하철을 타고 가는 눈 오는 이 밤
서서 잠이 든 채로 당신 그리워

서울을 떠나는 자에게

서울을 떠나는 자에게 복이 있나니
눈 내리는 서울이 아름답지 않다고
진실로 속삭이는 자에게 복이 있나니
나는 그대의 새벽이 되기를 원하노라
나는 그대 가슴속 칼이 되기를 원하노라
고향으로 돌아가는 노래를 부르며
눈은 내리고 오늘밤은 참으로 쓸쓸하다
무관심을 평화라고 이야기하며
이제는 서울을 위하여 기도하지 말라
눈 덮인 보리밭길 걷는 자에게 복이 있나니
겨울비 오는 골목길을
비에 젖어 휴지처럼 걸어가는 소년이여
아들을 그리워하는 어머니의 울음소리가
오늘밤에는 강을 건넌다

서울에 살기 위하여

서울에 살기 위하여
오늘도 우리의 술잔을 깨끗이 하겠습니다.

빵이 넉넉할 때는 물이 없고
물이 넉넉할 때는 빵이 없는

서울의 평화를 위하여
오늘도 우리의 술잔을 깨끗이 헹구겠습니다.

날 저무는 거리의 창문을 닫으며
사람들이 하나 둘 낙엽으로 떨어질 때
이제는 사랑할 일밖에 남지 않았습니다.

오늘도 무사히
서울에 살기 위하여

달빛 아래 오줌 누는 사내를 따라가서
오늘도 불 꺼진 술집의 술병으로 뒹굴겠습니다.

사랑노래

내가 그리워 그대를 부르는 날
그대는 밥그릇을 들고 별밤에 나오너라
눈물 많은 풀잎 하나 이제 그만 울도록
울다가 별을 보고 눈물조차 마르도록
밥그릇을 두드리며 별밤에 나오너라
별을 바라볼수록 별들이 아름다워
내가 다시 그리워 그대를 부르는 날
철조망이 가로막힌 별밤에 나오너라
밥그릇을 두드리며 그대 홀로 나오너라

이별노래

떠나는 그대
조금만 더 늦게 떠나준다면
그대 떠난 뒤에도 내 그대를
사랑하기에 아직 늦지 않으리

그대 떠나는 곳
내 먼저 떠나가서
그대의 뒷모습에 깔리는
노을이 되리니

옷깃을 여미고 어둠 속에서
사람의 집들이 어두워지면
내 그대 위해 노래하는
별이 되리니

떠나는 그대
조금만 더 늦게 떠나준다면
그대 떠난 뒤에도 내 그대를
사랑하기에 아직 늦지 않으리

우리가 어느 별에서

우리가 어느 별에서 만났기에
이토록 서로 그리워하느냐.
우리가 어느 별에서 그리워하였기에
이토록 서로 사랑하고 있느냐.

사랑이 가난한 사람들이
등불을 들고 거리에 나가
풀은 시들고 꽃은 지는데

우리가 어느 별에서 헤어졌기에
이토록 서로 별빛마다 빛나느냐.
우리가 어느 별에서 잠들었기에
이토록 새벽을 흔들어 깨우느냐.

해 뜨기 전에
가장 추워하는 그대를 위하여
저문 바닷가에 홀로
사람의 모닥불을 피우는 그대를 위하여

나는 오늘밤 어느 별에서
떠나기 위하여 머물고 있느냐.
어느 별의 새벽길을 걷기 위하여
마음의 칼날 아래 떨고 있느냐.

모닥불을 밟으며

모닥불을 밟으며 마음을 낮추고, 그대는 새벽 강변을 떠나야 한다. 떠돌면서 잠시 불을 쬐러 온 사람들이, 추위와 그리움으로 불을 쬘 때에, 모닥불을 밟으며 꿈을 낮추고, 그대는 새벽 강변을 떠나가야 한다.

모닥불에 내려서 타는 새벽 이슬로, 언제 다시 우리가 만날 수 있겠느냐. 사랑과 어둠의 불씨 하나 얻기 위해, 희망이 가난한 사람이 되기 위해, 꺼져가는 모닥불을 다시 밟으며, 언제 다시 우리가 재로 흩어지겠느냐.

사람 사는 곳 어디에서나 잠시 모닥불을 피우면 따뜻해지는 것이 눈물만이 아닌 것을, 타오르는 것이 어둠만이 아닌 것을, 모닥불을 밟으며 이별하는 자여. 우리가 가장 사랑할 때는 언제나 이별할 때가 아니었을까.

바람이 분다. 모닥불을 밟으며 강변에 안개가 흩어진다. 꺼져가는 모닥불을 다시 밟으며, 먼 지평선 너머로 사라져가는, 사람들은 모두 꿈이 슬프다.

짜장면을 먹으며

짜장면을 먹으며 살아봐야겠다.
짜장면보다 검은 밤이 또 올지라도
짜장면을 배달하고 가버린 소년처럼
밤비 오는 골목길을 돌아서 가야겠다.
짜장면을 먹으며 나누어 갖던
우리들의 사랑은 밤비에 젖고
젖은 담벼락에 바람처럼 기대어
사람들의 빈 가슴도 밤비에 젖는다.
내 한 개 소독저로 부러질지라도
비 젖어 꺼진 등불 흔들리는 이 세상
슬픔을 섞어서 침묵보다 맛있는
짜장면을 먹으며 살아봐야겠다.

아기의 손톱을 깎으며

잠든 아기의 손톱을 깎으며
창 밖에 내리는 함박눈을 바라본다.
별들도 젖어서 눈송이로 내리고
아기의 손등 위로 내 입술을 포개어
나는 깎여져 나간 아기의
눈송이같이 아름다운 손톱이 된다.

아가야 창 밖에 함박눈 내리는 날
나는 언제나 누군가를 기다린다.
흘러간 일에는 마음을 묶지 말고
불행을 사랑하는 일은 참으로 중요했다.
날마다 내 작은 불행으로
남을 괴롭히지는 않아야 했다.

서로 사랑하기 위하여 태어난 사람들이
서로 고요한 용기로써
사랑하지 못하는 오늘밤에는 아가야
숨은 저녁해의 긴 그림자를 이끌고
예수가 눈 내리는 미아리고개를 넘어간다.

아가야 내 모든 사랑의 마지막 앞에서
너의 자유로운 삶의 손톱을 깎으며
가난한 아버지의 추억을 주지 못하고
아버지가 된 것을 가장 먼저 슬퍼해 보지만
나는 지금 너의 맑은 손톱을
사랑으로 깎을 수 있어서 행복하다.

그리운 사람 다시 그리워

그리운 사람 다시 그리워
사람을 멀리하고 길을 걷는다

살아갈수록 외로워진다는
사람들의 말이 더욱 외로워

외롭고 마음 쓰라리게 걸어가는
들길에 서서

타오르는 들불을 지키는 일은
언제나 고독하다

그리운 사람 다시 그리워
그리운 사람을 그리워하면

어둠 속에서 그의 등불이 꺼지고
가랑잎 위에는 가랑비가 내린다

밤길에서

이제 날은 저물고
희망 하나가 사람들을 괴롭힌다.
밤길을 걷는 자의 옷자락 소리가
서둘러 어둠 속으로 사라지고
오늘도 나는 깨어진 이웃집 창문 앞에서
잔인한 희망의 추억을 두드린다.

눈조차 오지 않아 쓸쓸한 오늘밤에도
희망을 가진 사람들은 불행하고
희망을 가지지 않은 사람들은 더 불행하다.

풀잎 속에 낮게 낮게 몸을 낮추고
내가 일생을 다하여 슬퍼한 것은
아직 눈물이 남아 있어서가 아니라
아직 희망이 남아 있었기 때문이다.

이제 또다시 해는 기울고
희망이 우리를 타락시키는 밤은 깊다.
바닷가의 모래 위에

녹아버린 눈길 위에
빵을 뜯어먹으며 사람들이 울고 있다.

희망에 굶주린 밤은 오는데
희망은 아침마다 새벽 이슬로 젖는데
나는 오늘밤
희망의 추억을 가지고 밤길을 걷는다.

국립서울맹학교

저녁을 먹고 선생님과 우리들은
인왕산 느티나무 숲속을 걸어
달빛 아래 모여 서서 달을 보았다.

선생님, 달이 밝지요?
저는 저 달을 못 본 지
벌써 오 년이나 되었어요.

돼지저금통을 굴려 축구를 하고
진 편이 내는 짜장면을 먹고 자던
기숙사 안방에도
달빛은 거울에 부서지는데

점자로 쓰는
사랑의 편지.
점자로 읽는
어머니의 편지.

어둠 속에서만 별은 빛나고

마음의 눈이야말로
가장 아름다운 눈이라고
마음의 눈으로 가장 아름다운
별을 바라볼 수 있다고

선생님과 우리들은
달빛 아래 모여 서서 편지를 읽으며
서울 시내 하수구에 빠지는 사람들이
멀쩡히 눈뜬 자들이라고
까르르 웃으며 달만 쳐다보았다.

맹인촌에 가서

세상을 정직하게 바라보기 위하여
때때로 눈을 감아버려야 하리.
피리 불며 떠돌던 김씨와 함께
지는 해를 바라보며 맹인촌에 가서
눈을 감으면 뜨는 별 바라보아야 하리.
별들이 뜨기 위해 어둠이 오면
더 이상 어둠을 바라보지 않기 위해
더 이상 어둠 속에 갇히지 않기 위해
가슴속에 별 하나 떠오르게 하리.
일생 동안 별빛 하나 흐르게 하리.
바라볼 수 있었던 세상은 아름답고
바라볼 수 없는 세상 더욱 아름다운지
철거반원 다녀간 맹인촌의 밤하늘
찢어진 천막 사이로 별이 뜨누나.
가장 아름다운 한국의 별이 뜨누나.

희망을 만드는 사람이 되라

이 세상 사람들 모두 잠들고
어둠 속에 갇혀서 꿈조차 잠이 들 때
홀로 일어난 새벽을 두려워 말고
별을 보고 걸어가는 사람이 되라.
희망을 만드는 사람이 되라.

겨울밤은 깊어서 눈만 내리어
돌아갈 길 없는 오늘 눈 오는 밤도
하루의 일을 끝낸 작업장 부근
촛불도 꺼져가는 어둔 방에서
슬픔을 사랑하는 사람이 되라.
희망을 만드는 사람이 되라.

절망도 없는 이 절망의 세상
슬픔도 없는 이 슬픔의 세상
사랑하며 살아가면 봄눈이 온다.
눈 맞으며 기다리던 기다림 만나
눈 맞으며 그리웁던 그리움 만나
얼씨구나 부둥켜안고 웃어보아라.

절씨구나 뺨 부비며 울어보아라.

별을 보고 걸어가는 사람이 되어
희망을 만드는 사람이 되어
봄눈 내리는 보리밭길 걷는 자들은
누구든지 달려와서 가슴 가득히
꿈을 받아라.
꿈을 받아라.

꿀벌

네가 나는 곳까지
나는 날지 못한다.
너는 집을 떠나서 돌아오지만
나는 집을 떠나면 돌아오지 못한다.

네 가슴의 피는 시냇물처럼 흐르고
너의 뼈는 나의 뼈보다 튼튼하다.
향기를 먹는 너의 혀는 부드러우나
나의 혀는 모래알만 쏘다닐 뿐이다.

너는 우는 아이에게 꿀을 먹이고
가난한 자에게 단 꿀을 준다.
나는 아직도 아직도
너의 꿀을 만들지 못한다.

너는 너의 단 하나 목숨과 바꾸는
무서운 바늘침을 가졌으나
나는 단 한 번 내 목숨과 맞바꿀
쓰디쓴 사랑도 가지지 못한다.

하늘도 별도 잃지 않는
너는 지난 겨울 꽁꽁 언
별 속에 피는 장미를 키우지만
나는 이 땅에
한 그루 꽃나무도 키워보지 못한다.

복사꽃 살구꽃 찔레꽃이 지면 우는
너의 눈물은 이제 달디단 꿀이다.
나의 눈물도 이제 너의 달디단 꿀이다.

저녁이 오면
너는 들녘에서 돌아와
모든 슬픔을 꿀로 만든다.

구두 닦는 소년

구두를 닦으며 별을 닦는다.
구두통에 새벽별 가득 따 담고
별을 잃은 사람들에게
하나씩 골고루 나눠주기 위해
구두를 닦으며 별을 닦는다.
하루내 길바닥에 홀로 앉아서
사람들 발 아래 짓밟혀 나뒹구는
지난밤 별똥별도 주워서 닦고
하늘 숨은 낮별도 꺼내 닦는다.
이 세상 별빛 한 손에 모아
어머니 아침마다 거울을 닦듯
구두 닦는 사람들 목숨 닦는다.
목숨 위에 내려앉은 먼지 닦는다.
저녁별 가득 든 구두통 메고
겨울밤 골목길 걸어서 가면
사람들은 하나씩 별을 안고 돌아가고
발자국에 고이는 별바람 소리 따라
가랑잎 같은 손만 굴러서 간다.

유관순 1

그리운 미친년 간다.
햇빛 속에 낫질하며 간다.
쫓는 놈의 그림자는 밟고 밟으며
들풀 따다 총칼 대신 나눠주며 간다.
그리움에 눈감고 쓰러진 뒤에
낫 들고 봄밤만 기다리다가
날 저문 백성들 강가에 나가
칼로 물을 베면서 함께 울며 간다.
새끼줄에 꽁꽁 묶인 기다림의 피
쫓기는 속치마에 뿌려놓고 그리워
간다, 그리운 미친년 기어이 간다.
이 땅의 발자국마다 입맞추며 간다.

가두 낭송을 위한 시 1

풀잎 위에 앉아서 소년이 운다.
낙엽 위 동전 줍던 가을은 가고
멧새 한 마리 하늘 밖으로 사라지는데
서울의 풀잎 위에 소년이 운다.
지난 가을 어머니를 생각하는지
풀잎 끝 잠자리를 기다리는지
단 하루의 미래를 사는 사람 곁에서
소년의 울음소리가 서울을 울린다.
서울에는 지금 바람이 불어
인간을 가장 슬프게 하는 바람이 불어
길이란 모든 길은 사라지는데
풀잎 위에 앉아서 소년이 운다.

파도타기

눈 내리는 겨울밤이 깊어갈수록
눈 맞으며 파도 위를 걸어서 간다.
쓰러질수록 파도에 몸을 던지며
가라앉을수록 눈사람으로 솟아오르며
이 세상을 위하여 울고 있던 사람들이
또 이 세상 어디론가 끌려가는 겨울밤에
굳어버린 파도에 길을 내며 간다.
먼 산길 짚신 가듯 바다에 누워
넘쳐버릴 파도에 푸성귀로 누워
서러울수록 봄눈을 기다리며 간다.
다정큼나무 숲 사이로 보이던 바다 밖으로
지난 가을 산국화도 몸을 던지고
칼을 들어 파도를 자를 자 저물었나니
단 한 번 인간에 다다르기 위해
살아갈수록 눈 내리는 파도를 탄다.
괴로울수록 홀로 넘칠 파도를 탄다.
어머니 손톱 같은 봄눈 오는 바다 위로
솟구쳤다 사라지는 우리들의 발.
사라졌다 솟구치는 우리들의 생.

눈사람

사람들이 잠든 새벽 거리에
가슴에 칼을 품은 눈사람 하나
그친 눈을 맞으며 서 있습니다.
품은 칼을 꺼내어 눈에 대고 갈면서
먼 별빛 하나 불러와 칼날에다 새기고
다시 칼을 품으며 울었습니다.
용기 잃은 사람들의 길을 위하여
모든 인간의 추억을 흔들며 울었습니다.

눈사람이 흘린 눈물을 보았습니까?
자신의 눈물로 온몸을 녹이며
인간의 희망을 만드는 눈사람을 보았습니까?
그친 눈을 맞으며 사람들을 찾아가다
가장 먼저 일어난 새벽 어느 인간에게
강간당한 눈사람을 보았습니까?

사람들이 오가는 눈부신 아침 거리
웬일인지 눈사람 하나 쓰러져 있습니다.
햇살에 드러난 눈사람의 칼을

사람들은 모두 다 피해서 가고
새벽 별빛 찾아나선 어느 한 소년만이
칼을 집어 품에 넣고 걸어갑니다.
어디선가 눈사람의 봄은 오는데
쓰러진 눈사람의 길 떠납니다.

맹인 부부 가수

눈 내려 어두워서 길을 잃었네
갈 길은 멀고 길을 잃었네
눈사람도 없는 겨울밤 이 거리를
찾아오는 사람 없어 노래 부르니
눈 맞으며 세상 밖을 돌아가는 사람들뿐
등에 업은 아기의 울음소리를 달래며
갈 길은 먼데 함박눈은 내리는데
사랑할 수 없는 것을 사랑하기 위하여
용서받을 수 없는 것을 용서하기 위하여
눈사람을 기다리며 노랠 부르네
세상 모든 기다림의 노랠 부르네
눈 맞으며 어둠 속을 떨며 가는 사람들을
노래가 길이 되어 앞질러 가고
돌아올 길 없는 눈길 앞질러 가고
아름다움이 이 세상을 건질 때까지
절망에서 즐거움이 찾아올 때까지
함박눈은 내리는데 갈 길은 먼데
무관심을 사랑하는 노랠 부르며
눈사람을 기다리는 노랠 부르며

이 겨울 밤거리의 눈사람이 되었네
봄이 와도 녹지 않을 눈사람이 되었네

혼혈아에게

너의 고향은 아가야
아메리카가 아니다.
네 아버지가 매섭게 총을 겨누고
어머니를 쓰러뜨리던 질겁하던 수수밭이다.
찢어진 옷고름만 홀로 남아 흐느끼던 논둑길이다.
지뢰들이 숨죽이며 숨어 있던 모래밭
탱크가 지나간 날의 흙구덩이 속이다.

울지 마라 아가야 울지 마라 아가야
누가 널더러
우리의 동족이 아니라고 그러더냐
자유를 위하여 이다지도 이렇게
울지도 피 흘리지도 않은 자들이
아가야 너의 동족이 아니다.
한국의 가을 하늘이 아름답다고
고궁을 나오면서 손짓하는 저 사람들이
아가야 너의 동족이 아니다.

초승달 움켜쥐고 키 큰 병사들이

병든 네 엄마방을 찾아올 때마다
너의 손을 이끌고 강가로 나가시던 할머니에게
너는 이제 더 이상
묻지 마라 아가야
그리울 수 없는 네 아버지의 모습을
꼭 돌아온다던 네 아버지의 거짓말을
묻지 마라 아가야

전쟁은 가고
나룻배에 피난민을 실어 나르던
그 늙은 뱃사공은 어디 갔을까.
학도병 따라가던 가랑잎같이
떠나려는 아가야 우리들의 아가야
너의 조국은 아프리카가 아니다.
적삼 댕기 흔들리던 철조망 너머로
치솟아 오르던 종다리의 품속이다.

슬픔을 위하여

슬픔을 위하여
슬픔을 이야기하지 말라.
오히려 슬픔의 새벽에 관하여 말하라.
첫아이를 사산한 그 여인에 대해 기도하고
불빛 없는 창문을 두드리다 돌아간
그 청년의 애인을 위하여 기도하라.
슬픔을 기다리며 사는 사람들의
새벽은 언제나 별들로 가득하다.
나는 오늘 새벽, 슬픔으로 가는 길을 홀로 걸으며
평등과 화해에 대하여 기도하다가
슬픔이 눈물이 아니라 칼이라는 것을 알았다.
이제 저 새벽별이 질 때까지
슬픔의 상처를 어루만지지 말라.
우리가 슬픔을 사랑하기까지는
슬픔이 우리들을 완성하기까지는
슬픔으로 가는 새벽길을 걸으며 기도하라.
슬픔의 어머니를 만나 기도하라.

슬픔은 누구인가

슬픔을 만나러
쥐똥나무 숲으로 가자.
우리들 생의 슬픔이 당연하다는
이 분단된 가을을 버리기 위하여
우리들은 서로 가까이
개벼룩풀에 몸을 비비며
흐느끼는 쥐똥나무 숲으로 가자.
황톳물을 바라보며 무릎을 세우고
총탄 뚫린 가슴 사이로 엿보인 풀잎을 헤치고
낙엽과 송충이가 함께 불타는 모습을
바라보며 가을 형제여
무릎으로 걸어가는 우리들의 생
슬픔에 몸을 섞으러 가자.
무덤의 흔적이 있었던 자리에 숨어 엎드려
슬픔의 속치마를 찢어 내리고
동란에 나뒹굴던 뼈다귀의 이름
우리들의 이름을 지우러 가자.
가을비 오는 날
쓰러지는 군중들을 바라보면

슬픔 속에는 분노가
분노 속에는 용기가 보이지 않으나
이 분단된 가을의 불행을 위하여
가자 가자
개벼룩풀에 온몸을 비비며
슬픔이 비로소 인간의 얼굴을 가지는
쥐똥나무 숲으로 가자.

민중적 감성의 부드러운 일깨움

정과리

1

 정호승은 한국 민중의 전통적 감성에 깊이 몸담고 있는 시인이다. 그의 시를 조금만 읽어본 독자라면 쉽게 눈치챌 수 있는, 그 민중적 감성에의 몸담음은, 우리가 흔히 한이라고 표현하는 한민족의 공통된 정서——태초부터 존재하는 보편적 민족성의 한 부분으로서가 아니라, 유사 이래 단속적으로 이어진 외세의 침략, 근대 이후 지속되어 온 제국주의 침탈과 그 이데올로기에의 종속, 그리고 현대에 이르기까지 구체적인 평등과 자유의 체험을 겪어보지 못한, 역사적 불행의 연속으로부터, 첩첩이 누적되이 온 슬픔과 원한의 결정——를 시의 최초의 출발점으로 삼고 있기 때문이며, 또 그 정서의 표현을 적절하게 해내고 있기 때문이다. 그 정서의 적절한 표현은,

 낙엽과 송충이가 함께 불타는 모습을

>   바라보며 가을 형제여
>   무릎으로 걸어가는 우리들의 생
>   슬픔에 몸을 섞으러 가자.
>   ──「슬픔은 누구인가」

에서처럼, 슬픔에 붉은 색깔을 칠해 주는 것으로도 잘 보이는데, 그 붉음은 단풍의 붉음뿐만 아니라, 우리 땅의 붉은 흙, 가을날의 고추잠자리를 함께 연상시키고, 서정주가 〈꽃처럼 붉은 울음을/밤새 울었다〉(「문둥이」)고 말했을 때의 그 처절함, 판소리 가락의 짙은 청승맞음과 같은 분위기를 피워냄으로써, 한국 민중의 슬픔의 역사적 깊이와 넓이에 이어주는 것이다. 이러한 민중적 감성의 표현은, 정호승의 시에 있어서, 대체로 1) 몇 가지 고정된 전통적 비유어들의 알맞은 사용, 2) 7·5조를 위시한 민요적 가락에 바탕된 정형률격의 적용, 3) 일반적으로 사람들의 입에서 자연스럽게 되뇌어지는 구절들의 적극적 차용을 통해서 행해진다.

  비유어들의 사용은 봄·겨울·가을 등의 계절, 밤·별·초승달·눈 등 우리에게 가장 친숙한 자연의 이미지들을 가지고 시의 분위기를 형성·전달시킨다는 데서 드러난다.

>   1) 사랑하며 살아가면 봄눈이 온다.
>   눈 맞으며 기다리던 기다림 만나
>   눈 맞으며 그리웁던 그리움 만나
>   ──「희망을 만드는 사람이 되라」
>
>   2) 지금쯤 고향에도 눈이 내릴까.
>   ──「불빛소리」

3) 지하철을 타고 가는 눈 오는 이 밤
   서서 잠이 든 채로 당신 그리워
   ──「밤 지하철을 타고」

4) 어머니 손톱 같은 봄눈 오는 바다 위로
   솟구쳤다 사라지는 우리들의 발.
   ──「파도타기」

5) 구두를 닦으며 별을 닦는다.
   구두통에 새벽별 가득 따 담고
   별을 잃은 사람들에게
   하나씩 골고루 나눠주기 위해
   구두를 닦으며 별을 닦는다.
   ──「구두 닦는 소년」
   (고딕은 인용자)

 인용문들은 몇 가지 예를 들어본 것들인데, 우리의 감성에 가장 밀접하게 닿아 있는 자연들이, 가혹한 현실이 풀리는 해빙의 징조로서, 혹은 그리움의 주체와 대상을 이어주는 매개체로, 혹은 낮 동안의 각박한 삶에서 밀려난 뒤의 고요한 휴식, 또는 현실에서 이룰 수 없는 것을 꿈꾸어 보는 시간으로, 그리고 희망의 풍요로움을 암시해 주는 것으로서, 우리의 감정에 조용히 던져져 잔잔한 파문을 일으킨다.
 전통적 가락의 정형률격 적용 역시 우리말의 흐름을 적절히 탐으로써 마음 깊은 곳에서 읽혀질 수 있게 한다. 그의 전통적 가락의 적용과 그 변형은 상세하게 연구될 만하다. 기왕의 노래, 시 등의 적극적 차용은 〈새야 새야 아기

새야〉(「낙태」), 〈봄이 오면 아버지〉(「소년의 기도」), 〈며칠 후 며칠 후 술잔을 들고〉(「며칠 후 며칠 후」), 〈염천교 다리 아래 비는 내리고〉(「염천교 다리 아래 비는 내리고」), 〈서울을 떠나는 자에게 복이 있나니〉(「서울을 떠나는 자에게」), 〈오늘도 무사히/서울에 살기 위하여〉(「서울에 살기 위하여」), 〈그리운 사람 다시 그리워〉(「그리운 사람 다시 그리워」) 등에서 숱하게 볼 수 있는바, 민요, 시, 가곡에서부터 심지어 표어에 이르기까지 우리가 늘 되부르고 떠올리는 친숙한 구절들을 원용·변형함으로써, 의도적으로 민중의 시일 수 있기를 꾀한다.

 이와 같은 사실들은 정호승이 민중의 아픔을 민중 속에 들어가서 노래한다는 것을 알게 해준다. 여기서 민중의 아픔이란 말은, 그의 시들에서 민중의 즐거움을 노래하는 경우는 거의 눈에 띄지 않는다는 것을 시사한다. 그것은 시인이 우리 민중의 역사적·사회적 현실에 대해 정직하다는 것을 보여주는 동시에 민중의 역사적 원동력에 대해 구체적으로 뚜렷한 신뢰와 삶의 방법을 지니고 있지 못함을 드러낸다. 후에 말해지겠지만, 이런 뜻에서 정호승의 시들은 생성의 힘이 약하다. 아무튼 그 민중의 아픔이란 무엇인가, 아픔은 왜 그러한가. 정호승에게 있어서, 그것은 심층적으로 상실감과 헤맴이다.

 1) 애비는 혼자서 술을 마신다.
  지금쯤 고향에도 눈이 내릴까.
        ——「불빛소리」

 2) 사람들은 왜
  무시래기국 같은 아버지에게

총을 쏘았을까
　　　　　　　　　　　　——「개망초꽃」

3) 선생님, 달이 밝지요?
　 저는 저 달을 못 본 지
　 벌써 오 년이나 되었어요.
　　　　　　　　　　——「국립서울맹학교」

4) 슬픔을 만나러
　 쥐똥나무 숲으로 가자.
　 우리들 생의 슬픔이 당연하다는
　 이 분단된 가을을 버리기 위하여
　　　　　　　　　　——「슬픔은 누구인가」

5) 겨울밤은 깊어서 눈만 내리어
　 돌아갈 길 없는 오늘 눈 오는 밤도
　　　　　　——「희망을 만드는 사람이 되라」

6) 불빛 없는 창문을 두드리다 돌아간
　 그 청년의 애인을 위하여 기도하라.
　　　　　　　　　　——「슬픔을 위하여」

7) 사람들을 만나러 가기 위하여
　 떠나가는 사람들의
　 옷 적시는 사람
　　　　　　　　　　——「비 오는 사람」

인용문 1), 2), 3)은 제가끔 시적 자아가 고향을 떠났거나 아버지가 죽었거나 눈을 잃은, 개념화하면 과거에 가지고 있었던 것을 이제 상실한 처지임을 보여주는 보기들이다. 정호승이 시의 소재를 혼혈아, 맹인, 고아, 고향을 떠나 서울로 돈벌러 온 처녀 등에서 자주 구하는 것도 이 상실감을 보다 명료하게 가리키기 위해서인데, 또 그들은 실제 우리 현실의 구체적인 부분들일 뿐 아니라, 현대 한국 사회의 중요한 구조적 특성을 비추어주는 것들이기도 하다. 근대 이후 급작스레, 그리고 도도하게 밀려들어온 서구 문명·문화에 의한 우리 고유 문화의 침식, 일제 침략에 의한 국권의 상실, 1960년대 이후 근대화 물결을 타고 도시에 대량 생산 체제의 공장들이 세워지면서 발생한 시골에서 도시로의 인구 이동과 와해된 농촌 공동체, 그리고 우리의 가장 핵심적인 상처인 외세 문명, 이데올로기의 결과이면서 동시에 그것을 고착화시킨 분단의 현실들은, 한국의 정치 경제적 구조가 상실의 의미망 속에 걸려들어 있는 것임을 보여준다. 그렇기 때문에 시인은 4)에서처럼, 직접적인 발언을 통해서 상실의 근거를 제시하고 있는 것이다. 이 상실감의 표현들이 대부분 의문형으로 드러난다는 것은, 현재의 시인의 처지가 상실의 순간의 연장선상에 있으면서도 상실의 상처를 쉽게 치유할 수 있을 만큼, 그 상실의 근원이 명료하게 파악되지 않는다는 것을 의미한다. 현재는 상실의 연장선상에 있기 때문에 마찬가지로 아프고 괴로운 현재라는 것. 그리고 상실의 체험은 엄연한 현실임에도 불명료하다는 것, 그것은 시적 자아로 하여금 뿌리를 내릴 장소가 없이 항상 떠돌게 하며, 상실의 순간으로 되돌아가는 것도 불가능한 일이 되게 한다(5). 그래서 시적 자아의 잃어버린 것을 회복하려는 노력은 성과 없고, 항상 헤맴일 뿐이다. 애인을 만나기 위하여 창문을 두드리지만 불빛 없는 창문은 열리지 않고(6), 진정한 사람을 만나기 위하여 떠나는 일(7)은, 떠나는 사람 스스로 그것이 현실의 거대한 압력 속에 항상 좌절하고 마는 것임을 예감하고 있기에 슬픈 떠남이다. 이 상실감과 헤맴은 역사의 격랑 속에서 고유의 많은 것을 잃었고 그것을 회복하려는 노력 역시 역사의 물결에 휩쓸리면서, 뜻을 이루지 못하고 방황할 뿐인 한국인의 현실을 반영해 주는 정호승 시의 심층적 구조인바, 그 구조적 지반은 그의 시들을 한국인의 감성대에 푹 젖어 있게 한다. 이러한 사실은 그가 고통받고 살아가는 사람들의 편에 서 있다는 윤리적 정당성을 보여주는 것이지만, 다른 한편으로 감성의 즉자성, 즉 슬픔의 무절제한 토로에 빠져 있는 것은 아닌가 하는 의문을 품게 한다. 왜냐하면 시는 억압받는 사람들의 감정을 직설적으로 전달함으로써 그 감정 속에 빠져들어 삶을 체념·탄식하게 하거나 단순한 원한만을 터뜨리는 것이 아니라, 감정의 환기와 절제를 통하여 그들의 감정을 있게 하는 현실의 본질적 의미를 추적하여 이해하게 하고, 또 그 현실로부터 벗어나는 능동적인 삶의 활동 자리를 마련해 주는 것이기 때문이다. 이러한 의문은 형태의 측면에선 시인이 고정적으로 사용하고 있는 비유어들이 단지 현실의 외면을 전달하고 있어야 할 삶을 외치기 위한 도식저 알레고리가 아닌가 하는 의문으로 치환된다. 도식적 알레고리란 우리의 감성대에 가장 친숙한 어휘들을 통해, 현실의 양해를 감정적으로 복사해 내어서, 현실에 표피적으로 부딪히거나 체념하게 할 뿐, 이성적으로 이해하여 올바른 세계를 향한 살아냄의 방법을 모색하도록 이끌지 못한다. 정호승 시의 심층적 구조가 상실감/헤맴의 그것이라면 그것은 시쓰기의 활동을 거쳐서, 그 상실/헤맴의 감정적 차원을 딛고 일어서고 넘어설 수 있는 힘 또는 시의 논리를 보여주는 표면적 구조로서의 시 작품으로 잉태되어야 하는 것이다. 그 표면적 구조는 심층적 구조로부터 출발하여 심층 구조를 변형시키고 극복함으로써 새로운 삶의 가능성을 생성시키는, 인간 존재의 역동적 생명력의 표현이다.

2

이러한 의문에 대해, 정호승의 시들은 적극적인 대답을 보여준다. 왜냐하면 그러한 도식성 또는 감정적 복사의 위험으로부터 벗어나 있음을 그의 시들은 탁월하게 보여주기 때문이다. 그 벗어나 있다는 것은, 그의 시적 표현의 아름다움이 단순한 기교, 수사학 이상의 것이라는 데서 우선 확인된다. 그의 비유어들은 인간 감정의 대리자가 아니라, 스스로 자율적인 삶을 갖고 있으면서 그 삶의 양태를 통해 인간의 현실에의 태도, 현실의 분위기를 적절히 환기해 준다. 짧게 말하면 정호승의 고정적 비유어들은 알레고리가 아니라 분위기의 환기물들이다. 물론 그의 시들이 알레고리의 오류——특별한 것을 일반성 속에, 지시물을 의미체 속에 환원시키는——에서 모두 벗어나 있는 것은 아니다. 가령,

짜장면을 먹으며 살아봐야겠다.
짜장면보다 검은 밤이 또 올지라도
짜장면을 배달하고 가버린 소년처럼

> 밤비 오는 골목길을 돌아서 가야겠다.
>
> ──「짜장면을 먹으며」

같은 구절을 보면, 둘째 행이 나타내듯, 짜장면──똑같이 가난한 삶의 비유일 수 있는 막국수나 우동이 아니라──의 검은 색을 통해서 현실의 암흑성을 재치 있게 환기시키고 있으나, 첫 행의 〈살아봐야겠다〉는 의지의 침소봉대에 의해서 시 전체를 가난하게 살겠다는 관념적 선언 또는 백수의 탄식을 반어적으로 복사해 낸 것으로 떨어뜨리고 만다. 하지만 그의 시들은 대체로 이러한 일반화의 오류에서 크게 벗어나 있다.

> 1) 혁명이란 강이나 풀,
> 봄눈 내리는 들판 같은 것이었을까
>
> 죽은 아기 위에 타오르는
> 마른 풀을 바라보며
>
> 내 가랑이처럼 벗고 드러누운
> 들길을 걸었다
>
> 전철이 지나간 자리에
> 피다 만 개망초꽃
>
> ──「개망초꽃」
>
> 2) 인생은 풀과 같은 것이라고
> 가장 중요한 것은 착하게 사는 것이라고

> 산 위를 오르며 개척교회 전도사는
> 술 취한 아버지에게 자꾸 말을 걸고
> 아버지는 오랑캐꽃 더미 속에 파묻혀 말이 없었습니다
> ──「기다리는 편지」

알레고리가 아니라는 것은 비유로 사용된 자연이 시적 자아의 현실을 이해하도록 자극하지만, 시적 자아의 현실 그 자체가 아니라 나름대로의 자율적 삶을 가지고 있음을 의미한다. 인용문 1)의 마지막 연은 시의 화자인 미친년의 죽은 아기를 비유해 주는데, 그러나 그것이 곧바로 죽은 아기의 대리물은 아니다. 그것은 그 앞 연의 들길과 들길을 걷는 〈나〉의 존재의 개별성에 의해서이다. 거기서 〈들길〉과 〈나〉는 〈처럼〉이라는 조사에 의해 형태의 동일성을 시사받는 동시에 존재의 개별성을 부여받는다. 그리고 이와 함께 개망초꽃과 죽은 아기는 존재의 개별성이 전제되면서, 전자에 의해 후자의 비극적 분위기가 환기받게 된다. 달리 말하면, 〈들길의 벗고 드러누움, 그리고 그 들길에 전철이 놓이고 지나가면서 밟혀 피다 만 개망초꽃〉과 〈아기가 죽어 가랑이를 벌리고 주저앉은 나, 그리고 죽은 아기〉가 저마다의 삶을 가지면서 객관적 관찰을 통한 형태의 동일성에 의해 전자가 후자의 아픔을 일깨워주는 것이다. 따라서 개망초꽃은 죽은 아기의 은유가 아니라 제유이다. 3연과 4연의 관계가 자연에 의해 인간의 처지가 환기받는 관계라면, 2연과 3연의 관계는 인간이 자연을 불러들임으로써 인간/자연을 개별적인 존재로 설정한 상태에서 동질성으로 수렴시킨다. 죽은 아기는 풀이나 들과 상관없이 죽은 아기이고 풀은 그를 태우는 인간 밖의 매체로서 서로 다른 존재이지만, 죽은 아

기로 인해 〈내〉 가랑이가 벗고 드러누웠고, 풀이 불로 탐으로써 들은 흙이 시커멓게 드러난, 벗고 드러누운 들판이 된 것이기에, 상관적인 관계를 맺는다. 요컨대 2, 3, 4연의 진행은 자연=인간이라는 등식의 표현이 아니라, 서로의 삶이 가깝게 수렴하는 복합적인 제유의 진행이다. 그렇기 때문에 자연과 인간은 동일한 지반을 서로 나누지만 자연이 인간의 지향의 대상이거나, 인간의 직접적인 대리자가 아닌 것이다. 그래서 시의 화자는 첫 연에서 인간의 일인 혁명을 자연의 모습인 봄눈 내리는 들판에 직설적으로 대비시키지 않고 의문형으로 유보시킨다. 이와 같은 제유에 의한 분위기의 환기는 인용문 2)에서 역시 탁월하게 보여진다. 이 구절을 형성시키는 구조는 전도사/아버지의 대립인데, 대립의 성격은 말을 걸다와 말이 없었다의 태도의 대립이다. 전도사는 〈인생은 풀과 같은 것이니, 세상의 모진 바람에 아무리 흔들려 나부껴도 세상에 뿌리를 단단히 디디고 고운 심성을 유지하면서 살아가면 인생의 값을 얻는 것〉이라고 아버지에게 자꾸 말을 걸고, 아버지는 그것에 대해 아무 반응도 보이지 않는다는 대립 관계이다. 그런데 이 대립은 단순히 대립으로 그치지 않는다. 대립은 〈아버지는 오랑캐꽃 더미 속에 파묻혀〉라는 구절에 의해 친화를 동시에 포괄하고 있다. 오랑캐꽃은, 아버지가 아무런 반응도 보이지 않았던 〈인생은 풀과 같은 것〉이라는 말 중의 풀의 다른 이름이다. 그것은 인용문을 담고 있는 시의 첫 두 행,

　　서울에도 오랑캐꽃이 피었습니다
　　쑥부쟁이 문둥이풀 바늘꽃과 함께

에서 볼 수 있듯, 우리 주변에 흔하게 잡초처럼 널려 있는 꽃이다. 인생은 풀과 같은 것이라는 말에 대한 아버지의 침묵은 실제 풀과 같은 자신의 삶의 고통과 슬픔·회의 때문이다. 이때 전도사/아버지의 대립은 풀/아버지의 대립으로 옮겨간다. 하지만 바로 이 순간에 〈아버지는 오랑캐꽃 더미 속에 파묻혀〉라는 진술은 풀/아버지의 대립을 다시 한번 뒤엎는다. 풀 또는 오랑캐꽃과 아버지는 대립적이면서 친화의 관계에 놓이는 것이다. 풀/아버지의 대립은 풀—아버지의 동질성과 겹쳐진다. 이 대립과 친화의 공존은 아버지를 오랑캐꽃 더미의 한 송이 오랑캐꽃으로 해석하는 것을 거부하면서 풀과 아버지의 삶이 전혀 다르다는 것 역시 배제한다. 그 둘, 자연과 인간은 서로 다른 삶의 흐름을 영위하면서, 같은 분위기 속에서 만나며, 거꾸로는 같은 형태의 삶을 보여주지만, 제각기 나름의 삶을 가지고 있는 것이다. 그래서 시인은 오랑캐꽃들이 무성한 산동네에 밤이 내리는 것을 〈오랑캐꽃 잎새마다 밤은 오고〉라고 표현하여 존재의 개별성을 첨예화한다.

 자연과 인간의 형태적 동일성은 확인과 깨우침의 관계를 내포하지만, 지향의 관계도 순수한 등식의 관계도 아니다. 자연이 인간 속에 흡수되어 버릴 때 풀, 눈, 봄 등은 인간의 감정을 복사해 주는 도구가 되어, 그 감정을 맹목적으로 전달하고 세계의 벽에 가치 없이 충돌하도록 충동질하며, 인간이 자연 속에 빨려 들어갈 때 인간은 자연의 무목적성 속에 안주하고, 삶의 의식성을 잠재우게 된다. 제유에 의한 자연과 인간의 대립과 친화의 공존은 정호승의 시들을 그 두 개의 위험에서 벗어나게 해준다.

3

  정호승의 비유들이 분위기의 환기물이라는 것은 그가 사용하는 비유의 이미지가 여러 번, 복합적으로 의미의 변환을 일으킨다는 것에서도 확인된다. 만일 시인이 어떤 자연적 사물을 알레고리로 사용한다면, 그때 그 사물은 특정한 고정 관념을 부여받게 된다. 이를테면 비둘기는 평화, 곰은 우둔함 등의 상투화된 알레고리가 아니라도, 한 시 안에서, 더 나아가서는 시인의 대부분의 작품에서, 한 비유물은 고정된 이미지를 가지게 마련이다. 그런데 정호승의 시들에서 그 비유어들의 이미지는 끊임없이 스스로 변모하고 돌아오고 다시 더 크게 변모한다. 그 변모는 한 자연에 대해 일반적으로 이해되고 있는 평범한, 그러면서 다양한 이미지들을 자유롭게 한 시적 정황 속에 포괄시키고 대비시켜, 관계를 맺어주는 방법을 통해서 드러난다. 다음의 시를 보자.

    1) 남대문 직업안내소 창 밖에 눈이 내린다.
    2) 눈보라 속을 가듯 눈보라 속을 가듯
    3) 서울역은 어디론가 저 혼자 간다.
    4) 대합실 돌기둥에 기대어 아이는 잠이 들고
    5) 애비는 혼자서 술을 마신다.
    6) 지금쯤 고창에도 눈이 내릴까.
    7) 지난 가을 밤하늘에 초승달 걸렸을 때
    8) 소 몇 마리 몰고 가던 소몰이꾼은
    9) 지금도 소를 몰고 걷고 있을까.
    10) 흐르면 흐르는 대로 흐르는 나는
    11) 남대문 직업안내소 창 밖의 눈송이로 내리고

12) 부녀상담소 여직원은 아직 보이지 않는다.
13) 이제 막 밤열차에서 내린 사람들이
14) 눈사람이 되어 하늘을 쳐다본다.
15) 누가 모든 사람의 눈물을 닦아줄 수 있을까.
16) 사람들은 왜 상처를 입는 것일까.
17) 하늘의 눈꽃이 다시 피어 시들고
18) 빈 지게 지고 가는 청년 한 사람.
19) 성긴 눈발 사이로 들리는 불빛소리.

——「불빛소리」
(각 행의 번호는 인용자의 자의에 의한 것임)

    이 시에서 시적 정황을 감싸고 있는 분위기는 눈에 의해 환기된다. 1)행에서 눈은 아무런 뜻도 내포하지 않은 자연 그대로의 눈이다. 즉 1)행은 겨울날 한 지역에서 눈이 내린다는 평범한 서술이다. 그 평범한 서술은 2), 3)행에 의해 정서적 언어로 뒤바뀐다. 〈저 혼자〉 가는 서울역은 〈눈보라 속을 가듯〉 외롭고, 고통스럽고, 쓸쓸하며, 막막하다. 따라서 눈은 시 속의 인물이 처해 있는 상황의 곤핍을 환기시키는 이미지가 된다. 4), 5)행에서 시 속의 인간들은 대합실, 술집에서 눈을 피하면서 눈과의 거리를 유지한다. 이 두 행은 〈바라본다〉 또는 〈생각한다〉는 동사를 숨기고 있다. 즉, 아이는 방금 맞았던 눈을 의식 속에 넣은 채 잠이 들고 아버지는 창이나 천막 사이, 자신을 눈으로부터 떨어지게 하는 공간의 틈새를 통해 눈을 바라본다. 바라본다는 것은 바라봄의 대상에 대해 객관적인 거리를 유지하면서 동시에 그것에 지향성을 갖는 의식의 활동이다.

> 리어카를 세워놓고 병든 아버지는
> 오랑캐꽃을 바라보며 술을 마시고
> 물지게를 지고 산비탈을 오르던 소년은
> 새끼줄에 끼운 연탄을 사들고
> 노을 지는 산 아래 아파트를 바라보며
> 오랑캐꽃 한 송이를 꺾었습니다
> ──「기다리는 편지」
> (고딕은, 인용자)

에서처럼 바라봄은 주체와 대상을 떼어주면서 동시에 의미의 끈──술을 마시게 한다든가 오랑캐꽃을 꺾게 하는──을 이어준다. 바라봄의 활동은 애초에 자신의 처지를 환기시켰던 눈을 자연의 삶으로 되돌려 보내면서 동시에 새로운 자신의 사념을 환기시키는 이미지로 변형한다. 그 환기된 내용은 6), 7), 8), 9)행에서 표현된다. 눈을 바라보면서 그는 떠나온 고향을 생각하는 것이다. 그리고 그 고향 속의 풍경은 회상의 형식과 의문의 형식으로 드러난다. 회상과 의문의 형식으로 인해, 고향의 풍경은 더 이상 풍경이 아니라 삶의 지나온 한 부분, 그 아름다움에의 추억으로 변모하면서, 시의 화자에게 고향을 떠난 자신의 슬픔과 고향으로 되돌아가고 싶다는 잠재적인 욕구를 함께 느끼게 한다. 그 고향 회귀의 잠재적 욕구는 10), 11)행에서 다시 자연과 만난다. 즉 자아가 자연의 일부분이 되면서 욕구를 상징적으로 실현시키는 과정을 보여준다. 이때 눈은, 눈보라가 아닌 눈송이가 되어 떠나온 고향으로 다시 되돌아가기 위해, 또는 고향과 같이 든든한 곳에 안주하기 위해 떠도는 자아의 이미지, 귀향과 정착의 전(前) 이미지로 등장한다.

그러나 그 욕구는, 현실적으로 실현되지 못하고 자아는 내내 방황할 뿐이다(12행). 욕구가 실현되지 못한다는 현실적인 아픔이 극에 이르렀을 때, 그것은 의미의 반전을 이룬다. 실현되지 못한다는 감정이 자아를 전적으로 지배함으로써, 시적 자아는 그 잠재적 욕구를 더욱 강렬한 실현에의 의지·욕망으로 상승시킨다. 어느 옛 시인의, 멀어질수록 큰 원을 그리는 컴퍼스의 두 다리와 같이 고통의 폭과 깊이가 심화될수록, 그것을 넘어서려는 의지의 폭과 깊이 역시 넓어지고 심화되는 것이다. 그래서 13), 14)행에서 눈송이는 눈사람으로 치환된다. 달리 말하면 떠돎과 잠재적인 정착 욕구——그리움은 정착하지 못하는 현실의 슬픔과 정착하려고 하는 실제적인 그리움——욕망으로 드러난다. 여기에서 눈과 사람은 하나로 만난다. 슬픔과 열망의 복합체로서 눈사람도 잉태되는 것이다. 상징적이거나 잠재적이 아닌, 이 실제적인 복합성 속에서 시의 화자는 묻는다. 자신과 자신 주변의 사람들의 슬픔과 아픔 그리고 그리움에 대하여. 17)행은 앞의 행들을 명료하게 요약한다. 슬픔을 넘어서려는 열망의 순간적인 실현과, 그것을 실현하지 못하게 하는 현실로의 돌아옴을 폭넓은 분위기로 깔면서, 눈꽃은 귀향과 정착의 희망이 된다. 그 희망은 순간의 아름다움 속에 있다. 그래서 18), 19)행에서 자아는 다시 현실적인 눈발 사이로 불빛소리를 들으며 걸어간다.

 이상과 같은 투박한 분석으로 살펴보면, 눈의 이미지는 눈보라 → 눈송이 → 눈사람 → 눈꽃 → 눈발로 부대어를 변형시키면서, 현실의 고통 → 고향을 떠나 떠돎과 회귀의 잠재적 욕구 → 떠돎의 아픔과 정착의 실제적 욕망 → 희망으로 변형된 욕망의 순간적 실현 → 희망과 현실의 아픔의 복합을 통한 삶의 긍정으로 이미지의 변환을 보인다. 그 변환은 고통과 희망의 변증법적 전개이다. 눈은 어떤 인간적 정황의 고정된 알레고리로 작용하는 것이 아니라, 스스로 역동적으로 변모하면서 현실의 아픔과 그것을 치유하려는 열망과 의지를 독자들에게 아름답게 일깨워주는 것이다.

> 눈 내리는 겨울밤이 깊어갈수록
> 눈 맞으며 파도 위를 걸어서 간다.
> 쓰러질수록 파도에 몸을 던지며
> 가라앉을수록 눈사람으로 솟아오르며
> 이 세상을 위하여 울고 있던 사람들이
> 또 이 세상 어디론가 끌려가는 겨울밤에
> 굳어버린 파도에 길을 내며 간다.
> 먼 산길 짚신 갈듯 바다에 누워
> 넘쳐버릴 파도에 푸성귀로 누워
> 서러울수록 봄눈을 기다리며 간다.
> ——「파도타기」

에서도, 우리는, 혹독한 분위기를 피워내는 겨울 눈이 〈눈사람〉이라는 매개항을 통해 기다려야 할 봄눈으로 변환되는 것을 알 수 있다. 눈사람은 정황의 축에 서서 삶의 고통을 벗어나려는 적극적인 의지의 표성으로 운동한다. 그것은 삶의 고통을 희망의 전제 조건으로 치환시켜 준다.

내용의 측면에서는, 이러한 이미지의 변증법적 변환은 상황의 긍정과 부정의 복합성으로 드러난다. 이미 지적했듯, 그것은 상황에 대한 인간의 고통과 희망의 동시적 공존이다. 그 공존은 〈밤이 깊어갈수록 새벽은 가까움〉다는

(「밤 지하철을 타고」) 인식에 뒷받침되어 있다.

    1) 어둠 속에서만 별은 빛나고
                                ──「국립서울맹학교」

    2) 절벽 위에 길을 내어
       길을 걸으면
       그는 언제나 길 위의 길.
                                  ──「시인 예수」

    3) 노래하리라 비 오는 밤마다
                      ──「우리들 서울의 빵과 사랑」

    4) 가을이 되자 이혼한 누님은
       이 가을 어딘가에 기쁨이 있다고
       어느 날 홀트아동복지회에 버려진 아기
       선천성 무안구 맹아의 위탁모가 되었다.
                            ──「이 가을 어딘가에」

    5) 가을에도 씨뿌리는 자가 보고 싶다는
       그녀의 마른 젖가슴에 얼굴을 묻으며 불을 껐다
                                  ──「가을 일기」

  올바른 삶을 살아내려는 노력은, 그 노력이 뚫고 나가야 할 현실의 어둠이 짙을수록, 장벽이 높을수록, 더욱 치열하고 값이 있다. 만일 현실의 세계가 행복한 세계였다면, 그러한 노력이 이미 현실 속에 녹아 있기 때문에 그것을 의식적으로 강조하는 것이 불필요할지 모르나, 이 세계는 나약한 인간을 끊임없이 몰아세우고, 사람들은 〈사람의 이슬로 사라지〉며 (「서울의 예수」) 인간의 꿈조차 지우는 밤의 세계이기 때문에,

결국 가난이 없는 세상은 오지 않았다
——「마더 데레사」

그리고 사랑과 믿음이 극단적으로 부재하는 세계이기 때문에,

목마를 때 언제나 소금을 주고
배부를 때 언제나 빵을 주는
——「우리들 서울의 빵과 사랑」

이 세계를 벗어나려는 노력은 생존을 위한 필연적인 행위이면서 인간의 존재의 뜻을 밝혀주는 감동스러운 것이다. 그 아름다운 노력은 2)에서처럼 벼랑 끝에 길을 내는 절실함이기에 아름답다. 그래서 3)에서 보이듯, 적극적인 삶의 의지를 보이고 4)에서처럼 삶의 가장 열악한 곳에 자신을 던진다. 인간의 살아냄——노동의 뜻은 있지 못한 것 그리고 있어야 할 것을 만들어내려는 창조적 생산 활동인 것으로, 인용문 5)는 그 활동이 사람들의 일상적인 사소한 삶을 바탕으로 하는 것인 동시에 일상의 경계를 넘어서는 것임을 보여준다. 〈수확을 거두지 못한다 하더라도 삶의 의의를 실천하는 인간의 순수한 열정이 보고 싶다〉와 〈가을처럼 인간을 슬픔에 잠기게 하고 삶의 종말을 앞에 둔 아픈 현실에도

끊임없이 살아내려는 인간의 노력이 보고 싶다〉로 읽히게 하는 그 구절에서 〈씨뿌린다〉는 범속한 생존과 노동과 수확의 이미지는 〈가을에도〉라는 앞 어휘에 의해 범속함의 뜻을 간직하면서, 기존의 세계를 뛰어넘고 새롭고 올바른 세계를 만들어내는 인간 활동의 가치 있음으로 확대된다.

 이처럼 정호승의 시적 방법은, 〈고통 속에 넘치는 평화, 눈물 속에 그리운 자유〉(「서울의 예수」)를 획득하려는 변증법적 개진을 보여주고 있다. 그렇다면 그의 시들은, 고통을 일방적으로 서술함으로써 고통의 고통스러움 속에 파묻혀 버리거나, 고통에서 벗어나려는 의지를 격앙된 어조로 외치기만 함으로써, 고통을 부여하는 현실의 음험한 논리를 추론하지 못하게 하고, 의지의 외침의 자기 만족에 빠져들고 마는, 단선적인 감정의 진행에서 벗어나 있다고 할 수 있다.

4

 정호승의 시적 방법이 여기에서 다 끝나는 것은 아니다. 우리는 더 나아가 그의 슬픔과 희망, 자연과 인간의 변증법적 개진이 어떤 언어 형태로 표출되는가를 살펴볼 필요가 있다. 왜냐하면 시를 구극적으로 결정하는 것은 시의 통사 구조, 즉 담론성이기 때문이다. 비유·이미지·내용의 복합성은 시의 논리 속에 통합된다.

 그 통사 구조는 대체로 상황·감정의 일상적 진술과 분위기 환기물을 병치시키든가 또는 전자 속에 후자를 삽입시키는 방법을 취하고 있다. 우선 삽입의 방법을 살펴보자.

1) 지하철을 타고 가는 눈 오는 밤에
   불행한 사람들은 언제나 불행하다
   ――「밤 지하철을 타고」

2) 양복점 심부름꾼으로 눈칫밥을 먹다가
   바다가 보이는 소년원에서
   파도 소리에 아버지가 그리웠어요
   ――「소년의 기도」

3) 선생님과 우리들은
   달빛 아래 모여 서서 편지를 읽으며
   서울 시내 하수구에 빠지는 사람들이
   멀쩡히 눈뜬 자들이라고
   까르르 웃으며 달만 쳐다보았다.
   ――「국립서울맹학교」

4) 내가 그리워 그대를 부르는 날
   그대는 밥그릇을 들고 별밤에 나오너라.
   ――「사랑노래」
   (고딕은 인용자)

인용문 중 고딕체로 된 부분은 모두 분위기의 환기를 위해서 삽입된 진술들인데, 문맥상으로는 그것들을 제거해도 문장은 성립할 수 있다. 그것들을 제거한 문장은 자신의 심정의 토론이건, 현실에 대한 발언이건 평범한 일상어의 직설적 진술들이다. 그러나 이 단조로운 진술들은 분위기 환기물들의 삽입에 의해 색깔을 부여받고 의미를 확대시키고 방향성을 가지게 된다. 1)에서 주어인 〈불행한 사람들〉을 한정하는 것은 〈지하철을 타고 가는〉과 〈눈 오는 밤에〉인데, 일상 논리적으로 보자면 이 둘 중 전자가 후자보다 더 직접적으로 주어를 한정한다. 왜냐하면 인용문의 다음 구절,

> 사랑을 잃고 서울에 살기 위해
> 지하철을 타고 끝없이 흔들리면
> 말없이 사람들은 불빛 따라 흔들린다.

에서 알 수 있듯이 지하철을 타고 가는 사람이 불행한 이유는 어느 정도 현실적인 이유를 갖고 있기 때문이다. 〈지하철을 타고 가는〉이 불행한 사람들을 직접적으로 한정한다면 〈눈 오는 밤에〉는 간접적인 한정어로 문장의 기저에 자리잡게 된다. 〈눈 오는 밤에〉가 간접적인 한정어라는 진술은 인용된 시 구절의 뜻이, 〈지하철을 타고 가되, 눈 오는 밤에 타고 가는 사람만이 불행하다〉는 얘기가 아니라는 것을 의미하며, 〈눈 오는 밤에〉는 시적 정황의 바닥에 자리를 잡고 사람들의 불행에 분위기를 부여한다는 것을 말한다. 〈눈 오는 밤에〉는 눈 오는 밤이 우리에게 흔히 연상시키는 아름다움이라는 관념상의 이미지와, 실제 존재하는 불행의 현실성을 대비시킴으로써 그 불행을 선명하게 일깨워주는 동시에 그 불행을 부드럽게 감싼다. 이러한 것은 〈눈 오는 밤에〉가 분위기의 환기물로서 불행한 사람들에 대한 일상적 진술 속에 삽입되어, 그 진술을 〈단조로움〉이나 〈일방적 주장〉의 위험에서 벗어나게 해준다는 것을 가르쳐준다. 인용문 2)는 아버지를 잃고 고아가 되어서 먹고 살기 위해 양복점 심부름꾼이 되었다가 〈동생들을 콩새처럼 울게〉 하는 가난 때문

에 범죄를 저질러 소년원에 들어갔다는 처지의 토로와 그 처지의 근원인 잃어버린 아버지에 대한 그리움의 감정적 발언을, 그 속에 〈바다가 보이는〉,〈파도 소리에〉를 삽입시킴으로써 현실의 굴레를 벗어나려는 자유에의 열망——「빠삐용」의 바다와 같이——으로 끌어올린다. 3)에서 선생님과 우리들은 맹인이며 편지는 점자 편지이다. 따라서 달빛 아래 모여 서서 편지를 읽는다고 해서, 그들에게 편지가 더 잘 보일 이유는 현실적으론 아무것도 없다. 그렇지만 〈달빛 아래 모여 서서〉는 맹인들이 점자 편지를 읽는다는 일상적인 진술 속에 끼워넣어짐으로 해서, 편지를 읽는 기쁨과 삶에의 긍정적 희망을 일깨워준다. 인용문 4)는 조금 더 복합적인 삽입 형식을 취하고 있는데, 왜냐하면 〈밥그릇을 들고〉와 〈별밤에〉가 함께 끼워넣어져서, 상이한 분위기를 동시에 피워내기 때문이다. 〈밥그릇을 들고〉는 나와 그대가 만나는 것은, 영원한 인간 문제로서의 애정 이전에 생존의 기본적인 문제에 대한 고통 때문이며, 그것을 어떻게든 극복하기 위해서는 함께 모여야 한다는 것을 일깨워주며, 〈별밤에〉는 그 고통과 고통의 극복을 향한 절실한 감정을 희망의 분위기로 감싸준다.

  삽입의 형식과 더불어, 역시 빈번히 사용되는 상황·감정의 진술과 분위기 환기물의 병치도, 자연과 인간, 고통과 희망의 변증법적 개진을 표면화시키는 방법이다.

    1) …… 반월 공단의 풀들이
       바람에 나부끼고 청년들은 결핵을 앓으며
       야근을 하였다 별들만 하나 둘 고향으로 떠나가고
                                  ——「부활절」

2) 눈은 내리지 않았다
　　강가에는 또다시 죽은 아기가 버려졌다
　　차마 떨어지지 못하여 밤하늘에 별들은 떠 있었고
　　　　　　　　　　――「고요한 밤 거룩한 밤」

3) 사랑이 가난한 사람들이
　　등불을 들고 거리에 나가
　　풀은 시들고 꽃은 지는데
　　　　　　　　　　――「우리가 어느 별에서」

4) 들꽃 한 송이 들을 지키는데
　　봄밤에 술 취한 사내들이
　　자선 냄비를 힘껏 걷어차고 지나갔다
　　　　　　　　　　――「자선 냄비」

　　병치의 방법은 인간의 상황과 분위기 환기체의 삶이 양자 중 어느 한쪽으로 귀속되는 것이 아니라, 제각기 나름의 삶의 흐름을 가지면서, 분위기로 수렴해 가는 것을 보여준다. 인용문은 〈반월 공단의 ― 나부끼고〉와 〈청년들은 ― 하였다〉를 병치시키고, 다시 후자를 〈별들만 ― 떠나가고〉와 병치시킨다. 첫번째 병치에서 앞부분은 뒷부분의 단순한 알레고리로 읽히기 쉽겠으나, 실제 앞부분은 하나의 문장을 형성함으로써, 즉 하나의 삶을 보여줌으로써 뒷부분의 청년들의 삶과 대비되어 형태의 동질성으로 수렴해 간다. 그리고 이 형태의 동질성은 두번째의 병치가 드러내는 형태의 대립과 겹쳐진다. 두번째의 병치는 청년들/별들의 대립을 통해 첫번째 병치에서 보였던 자연과 인간의 동질성을 자연과 인간의 대립으로 변환시킨다. 그 의미의 변환 과정에서 시인은 현실의 고통과 현실의 저편에 있는 고향으로 돌아가고 싶은 그리움과 돌아갈 수 없는 슬픔을 맑게 환기시켜 준다. 인용문 2) 역시 제가끔의 의미망을 가지고 있는 세 문장을 병치시켜 자연과 인간의 동질성과 대립을 동시에 구성해, 삶의 가혹함과 그럼에도 가져야 하는 희망을 긴장의 관계에 놓이게 한다. 3)은 곤핍한 삶 속에서 사람들이 그래도 희망을 가지려고 노력하지만, 그 희망은 현실의 압력에 눌려 꺾이고 말아 사람들의 가슴을 채우게 되는 슬픔의 감정을 직설적으로 언술하지 않고 〈풀은 시들고 꽃은 지는데〉라는 자연 현상으로 에둘러 환기시킴으로써 슬픔의 감정 속에 매몰되는 것을 방지해 준다. 4)의 경우는 좀더 첨예하게, 현실에서 억압당하는 사람의 살아내려는 순수성과 그것을 짓밟는 인간의 횡포의 관계를 자연의 삶과 인간의 삶의 상이한 표현들로 병치시킴으로써, 그 관계의 긴장을 활성화시킨다.

　이상과 같은 병치와 삽입의 형식은 시인이 현실에 대해 느끼는 감정을 포용하면서, 그것을 극복해 내려는 시인의 의식적 활동을 시로 표면화시키는 방법으로서의 형식이다. 시의 통사 구조는 시인으로 하여금 시를 쓰도록 하는 기저 동기와, 그 기저 동기의 즉자성—직접적인 감수성을 보다 의의 있는 삶의 운동으로 끌어올리려는 시적 방법, 즉 비유·이미지의 활동이 시로서 실현되는 방법이나. 달리 말하면, 그것은 인간의 삶에 대한 인식과 그것을 변형·극복해 내는 인간 의지의 시적 노력이 마침내 한 언어 구성체로 실현된 시 형식이다. 정호승에게 있어서, 형태적으로, 기저 동기가 전통적 가락의 적극적인 수용과 전통적 자연에 의한 인간의 비유이고, 시적 변형의 활동이 자연과 인간의 동질성과 대립성의 확인을 통한 제유와 이미지의 변환에 의해 분위기를 변증법적으로 개진·환기시키는 것이며, 그것의 표면화로서의 통사 구조가 상황·감정의 진술과 분위기 환기물의 병치·삽입의 형식이라면, 그 시적 개진의 과정은 시를 기저 동기의 원초적 감수성에 머물러 있게 하지 않고, 그것을 디뎌 새로운 정서로의 도약을 마련하고 수행하여 실현시키는 과정이다. 따라서 내용적인 측면에서 정호승이 시를 출발시키는 슬픔의 감정은 고여 썩는 웅덩이 속의 감정이 아니라, 시인이 파놓은 수로를 따라 흘러 감정을 넘어서는 의지가 된다. 〈슬픔은 눈물이 아니라 칼〉(「슬픔을 위하여」)이 되는 것이다.

> 슬픔을 위하여
> 슬픔을 이야기하지 말라.
> 오히려 슬픔의 새벽에 관하여 말하라.
> ——「슬픔을 위하여」

> 눈을 감으면 뜨는 별 바라보아야 하리.
> 별들이 뜨기 위해 어둠이 오면
> 더 이상 어둠을 바라보지 않기 위해
> 더 이상 어둠 속에 갇히지 않기 위해
> 가슴속에 별 하나 떠오르게 하리.
> 일생 동안 별빛 하나 흐르게 하리.
> ——「맹인촌에 가서」

> 풀잎 속에 낮게 낮게 몸을 낮추고
> 내가 일생을 다하여 슬퍼한 것은

> 아직 눈물이 남아 있어서가 아니라
> 아직 희망이 남아 있었기 때문이다.
>
> ——「밤길에서」

　정호승이 바라보고 있는, 또는 몸담고 있는 한국 민중의 한은 탐닉의 대상도 체념의 대상도 숭배의 대상도 방관의 대상도 아니다. 그것은 현실의 위악적 구조를 넘어서기 위한 단단한 지반이며, 동시에 그것 스스로 시인—인간의 노력에 의해 살아냄의 아름다움으로 승화될 극복의 대상이다. 이것이 정직하고 적극적으로 인식될 때 비로소 현실 개혁의 길이 열리는 것이다. 정호승의 시에서, 내용을 구성하는 심층 구조인 상실감과 헤맴은 고통과 희망의 동시적 설정을 통해 잠재된 그리움으로 표현되고, 그 그리움은 슬픔과 희망의 변증법적 개진을 거쳐 능동적인 그리워함, 적극적인 기다림의 표층 구조로 부상한다.

> 사랑과 믿음의 어둠은 깊어가서
> 바람에 풀잎들이 짓밟히지 않았느냐.
> 아직도 가난할 자유밖에 없는
> 아직도 사랑할 자유밖에 없는
> 너희는 날마다 해 뜨는 곳에
> 그리움과 기다림의 씨를 뿌려라.
>
> ——「서울 복음 2」

　이 구절을 절실하게 외치도록 만드는 그 근거와 이유·의의를 보여주는 시 활동의 과정 속에 정호승 시의 탁월함과 아름다움이 있는 것이리라.

그렇다면 그의 시작 과정의 태도는 무엇인가. 그것은 현실과 인간의 경직성을 부드럽게 녹이는 것이다. 정호승의 제유와 이미지 변환을 통한 분위기의 환기·수렴 그리고 상황·감정의 진술과 분위기 환기물의 삽입·병치는, 이미 앞에 인용된 많은 구절들에 아름답게 드러나 있듯이 현실의 가혹성, 그리고 그것에 의해 고통받는 사람들의 슬픈 감정의 빽빽한 밀도를 부드럽게 풀어헤친다. 부드럽게 풀어헤친다는 것은, 상황 그리고 그것에 고통받는 사람들의 한에 대한 진술을 즉각적이고 표면적인 반응으로, 격앙된 어조나 질펀한 감정의 배설을 쏟아버리지 않고 자연과의 대비를 통해 그 대비의 변증법적 개진을 통해, 에둘러 일깨움으로써 상황의 경직성, 감정의 경화를 녹여준다는 것을 말한다. 이 녹여줌을 통해서 슬픔의 감정은 슬픔을 딛고 일어설 수 있는 활성적인 힘의 발현의 지반이 된다. 즉, 그의 삶에의 의지는 삶에 대한 부드러운 태도와 밀접한 관련을 맺고 있다. 정호승 시의 탁월한 생명력인 이 부드러움은, 곧 말해지겠지만, 생존의 구체적 치열성과 만나지 못할 때 한계를 드러낸다.

5

이제까지 살펴본바, 정호승의 시들은 한국 민중의 전통적 감수성에 깊이 몸담고 있으면서 그 자체에 머물지 아니하고, 그 감성을 지반으로, 그 감성을 있게 하는 현실을 극복하려는 의지 —— 능동적인 그리워함과 적극적인 기다림으로 부상하는 과정을 가지고 있다면, 우리는 여기에서 또 하나의 문제를 제기할 수 있다. 그 의지의 구체적 실천 모습은 무엇인가. 그 실천의 양상을 그리고 방법을 보여주는 일은 정치가, 사회과학도, 또는 정호승의 시를 읽은 독자의 몫인가. 그것에 대해 시인은 책임을 가질 수 없는 것인가. 아닐 것이다. 시란 부정적인 현실에 대해 강렬한 질문을 제기하고 그것을 벗어나야 함을 일깨워주는 것이면서 동시에 현실을 넘어설 수 있는 살아냄의 방법과 실체를 풍요롭게 모색하고 풍성하게 제시해 주는 것이기 때문이다. 그 방법과 실체의 제시는 완전히 새로운 세계를 일거에 창출해 낼 수 있는 해답은 아니다. 하지만 한국 민중들의 슬픔―한뿐만 아니라, 슬픈 행실에도 끊임없이 살아가는 생존의 양상을 다양하고 진지하게 추적하여 생존과 노동과 생산의 구체적인 논리를 끌어낼 수 있는 가능성을 보여주는 것이어야 한다.

   정호승은 이러한 기대를 얼마나 충족시키는가. 그 대답은 부정적인 쪽으로 많이 기우는 듯하다. 그에게서 현실 극복의 힘은 구체적인 가능성 ―― 먹고 일하고 사랑하고 싸우면서 발견되는 ―― 을 얻은 것이 아니라, 대개 의지의 형태로 표명된다.

> 이 세상 사람들 모두 잠들고
> 어둠 속에 갇혀서 꿈조차 잠이 들 때
> 홀로 일어난 새벽을 두려워 말고
> 별을 보고 걸어가는 사람이 되라.
> 희망을 만드는 사람이 되라.
>   ――「희망을 만드는 사람이 되라」

아니면 현실 극복을, 현실적으로가 아니라 상징적으로 실현한다.

  1) 그리운 미친년 간다.
    햇빛 속을 낮질하며 간다.
    쫓는 놈의 그림자는 밟고 밟으며
    들풀 따다 총칼 대신 나눠주며 간다.
                      —「유관순 1」

  2) 죽은 아기를 업고
    전철을 타고 들에 나가
    불을 놓았다
                          —「개망초꽃」

  1)은 현실적으로 이루어지지 않거나 보이지 않는, 부정적 세계를 개혁하는 인간 활동을 광기의 정황 속에서 실현해 보려고 하며, 2) 역시 광기의 정황 속에서, 현실의 고통의 승화를 제의적인 분위기를 통해 이루어보려고 한다. 그런 의미에서 그것들은 현실 극복의 상징적 실현의 보기들이다.
  아무튼 현실의 슬픔을 지양하여 현실 극복의 힘으로 이끌려는 노력이 의지의 형태로 표명되거나 상징적으로만 실현된다는 것은, 현실의 부정성이 올바른 삶의 가능성을 추호도 용납하지 않을 만큼 극단적이기 때문일 것이다. 그러나 시인의 말대로 〈어둠이 깊어갈수록 새벽이 가까운〉 것이라면 그 새벽을 여는 인간의 능동적 양상들은 무엇인가. 그들은 어떤 일관된 흐름으로 집약되는가에 대한 시인의 진지한 탐색이 있어야 할 것이다. 그럴진대, 정호승의 시들은 그런 면에서 아직 불충분하다는 결론에 이르게 된다. 물론 최근에 들어서면서, 시인은 의지의 표명에 그치지 않고 의지의 실현 방법을 나름대로 제시하려고 하는데, 그 방법은 개인적 윤리에 의거한 생활의 긍정적 실천이다.

> 1) 컬러텔레비전을 사들고 추석날
> 고향으로 가는 친구와 밤기차를 탔다
> 이제 저 마른 땅처럼 버려진 부모님이
> 앞으로 사시면 얼마나 더 사시겠냐고
> 컬러텔레비전을 보시면 얼마나 더 보시겠냐고
> 종이컵에 소주를 부어 마시며 친구는
> 밤이 깊도록 나에게 잔을 돌렸다
> ──「컬러텔레비전」

> 2) 가을이 되자 이혼한 누님은
> 이 가을 어딘가에 기쁨이 있다고
> 어느 날 홀트아동복지회에 버려진 아기
> 선천성 무안구 맹아의 위탁모가 되었다
> ──「이 가을 어딘가에」

> 3) 날마다 내 작은 불행으로
> 남을 괴롭히지는 않아야 했다.
> ──「아기의 손톱을 깎으며」

개인적 윤리의 실천은 순간적으로 살아가는 일의 아름다움일 수 있지만, 그러나 그것은 항상 일시성으로 끝나는 것이며, 나아가서 그 실천의 자기 만족에의 안주는 집단적 실천의 필연성을 은폐하거나 와해시키는 위험도 내포한다. 이러한 지적은, 거지에게 한푼을 적선한다고 해서 거지가 없는 세상이 오지는 않는다는 논리에 뒷받침되어 있는 것은 아니다. 정호승 시에서 제시되는 개인적 윤리의 실천은, 특히 인용문 2)가 보여주듯이, 적극적인 자신의 뛰어듦, 그리고 실천 대상과의 동참을 안고 있다. 그 실천은 시혜와 수혜의 관계에 의해 이루어지는 것이라기보다는, 같은 인간이라는 동일성의 인식에 의해 행해진 것이다. 또 그 개인적 윤리의 한계가 그것의 사소성 때문도 아니다. 인생의 자질구레한 여러 부분들이 살아가는 뜻을 결정하는 구체적인 요인들이라면, 그 자질구레한 부분이 아무리 사소하다 할지라도 본질적인 삶의 의미를 현현하고 있는 것이다. 그럼에도 우리가 이미 앞에서 긍정적으로 평가했던 2)의 구절을 이제 다시 부정적으로 평가하는 것은 그 실천의 소박성 때문이다. 개인적 윤리의 실천이 소박하다고 하는 것은, 그것이 윤리적인 개인을 일시적인 정서적 만족 속에 묶어두려는 본질적인 속성을 품고 있다는 것을 의미하기도 하지만, 보다 깊은 뜻에서는 그 실천이 적용되는 구체적인 현실 공간의 사회적 의미망을 상당히 놓치고 있다는 것을 의미한다. 달리 말하면, 길에 버려진 맹인 아이의 위탁모가 되는 누님의 행동을, 그 궁극적 귀결인

> 맹인 피아노 조립공인 양부모를 만나러
> 누님의 눈먼 아기는 미국으로 떠나갔다

라는 구절이 보여주듯, 보편적인 인간의 사랑―휴머니즘으

로 환원시켜, 〈미국〉에 가지 못하고 버려진 채로 자라나는 많은 맹인 아이들의 역사적·사회적 의미를 간과하게 되는 것이다. 물론 시 한 편 속에서 그 휴머니즘은 아름다운 것이지만, 일단 그것은 시인이 몸담고 있는 한국 민중의 한의 구체성으로부터 시인을 멀어지게 한다. 인용문 1)은 보다 명료한 보기인데, 부모에 대한 애정을 실현시켜 주는 컬러 텔레비전의 보급의 사회사적 의미를 빠뜨리고 있다. 이 개인적 윤리의 일시성과 소박성 때문에 3)의 구절은, 마음의 상처를 두려워하는 결벽성으로 들린다. 이 개인적 윤리가 조금 더 확대되면, 그때 그것은 현실 극복의 집단적 힘의 부정과 표리 관계에 놓이게 된다.

   1) 서울역을 서성대던 소년 하나
      빗속을 뚫고 홀로 어디로 간다
          ──「염천교 다리 아래 비는 내리고」

   2) …… 새벽마다 사람의 등불이 꺼지지 않도록 서울의
      등잔에 홀로 불을 켜고 가난한 사람의 창에 기대어
      서울의 그리움을 그리워하고 싶다.
                              ──「서울의 예수」
                              (고딕은 인용자)

〈홀로〉 또는 〈하나〉라는 어휘는 정호승의 시들에서 빈번하게 사용되는데, 그것은 현실에서 고통받고 슬픔을 쌓는 사람들이 모여서 같이 있으면서도 항상 혼자 있다는 시인의 인식을 드러낸다. 1)은 사람다운 삶을 살기 위해 헤매는 소년의 외로움을 표현함으로써, 곤핍한 자들의 현실 개

혁 노력이 집단화될 수 있는 가능성이 현실적으로 부재함을 가리키며, 2)는 그 집단성의 부재로 인하여, 현실 개혁 노력이 〈혼자〉의 순교자적 노력이 될 수밖에 없음을 드러낸다. 그러나 현실의 부정성이 고통을 주는 자와 고통받는 자들의 관계에서 기인한다면, 현실의 부정성을 해소하고 사람다운 삶을 만들어낼 가능성 역시 고통받는 사람들의 집단적인 노력 속에 있는 것이다. 그것은 고통 주는 사람들 스스로의 붕괴에 의해서 또는 한 의식인의 노력에 의해서 촉진되고 가속될 수는 있겠지만, 현실 개혁을 구체적으로 실현하는 것은 고통의 당사자들이기 때문이다. 〈혼자 있지만 함께 있다〉가 아니라 〈함께 있지만 혼자 있다〉는 정호승의 인식 태도는 정직하면서 동시에 정직하지 못하다. 현실 중압의 막대함으로 인해, 현실을 벗어날 가능성이 뭉치지 못하고 뿔뿔이 흩어지고 마는 실제 상황을 반영하기 때문에 정직하고, 그러나 현실이 아무리 가혹하다 할지라도 고통받는 자들은 소멸하지 않고 또 소멸할 수 없이 먹고 일하며 잠자고 입으며 살아내고 있어, 현실 극복의 가능성을 잠재적으로 담고 있는 것이기 때문에 정직하지 못하다. 반복하자면 그는 스스로 말한 〈어둠이 깊어갈수록 희망이 가깝다〉의 희망의 구체적 모습을 보여주지 못하고 있는 것이다.

이러한 인식 태도의 한계는, 그의 시적 방법과 가변적이지만 밀접한 관계를 맺고 있다. 우리는 앞에서 정호승의 시적 방법이 전통적 이미지에 의거한 분위기의 환기이며, 그 분위기의 일깨움은 일상적 진술과 분위기 환기물의 병치·삽입으로 표현된다는 것을 살펴보았다. 그 분위기의 환기는 상황에 대한 고통과 슬픔을 감싸서 슬픔의 즉자성 속에 매몰되지 않고 희망을 동시에 떠올리도록 해주는 활성적인 생명력이다. 그런데 그 감싸줌이 상황이나 인간의 감정에 활성을 부여하는 것은, 상황의 경직성과 감정의 경화를 부드럽게 풀어주기 때문이다. 현실의 각박함, 그에 대한 감정의 신경질적 반응을 부드럽게 용해하여 희망의 밑거름이 되게 해주는 분위기의 환기는, 그러나 그 아름다움의 탁월함만큼 현실에 정면으로 부딪히는 것을 둔화시킬 수도 있다. 왜냐하면 희망의 부정적 양태인 자기 위안 속으로 빠질 위험이 열려 있기 때문이다. 물론 일상적 진술과 분위기 환기물의 대비—병치·삽입이 탁월하게 이루어져서 서로를 뜨겁게 끌어안아 미학적 폭을 풍성하게 넓힌다면, 희망은 고통의 짝으로서 인간 삶의 힘이 되어 현실을 딛고 넘어서는 튼튼한 방법이 될 수 있겠지만, 분위기에 지나친 강조가 두어져서 삶의 치열성을 부드럽게 은폐·위장시킬 위험 역시 개재하는 것이다. 전자의 경우라면 삶에의 의지를 떳떳하게 그리고 폭넓게 표명할 수 있게 밀어주며, 후자의 경우라면 개인적 윤리의 소박한 실현 속에서 위안을 찾도록 만든다. 하지만 어쨌든 이 양자는 그 분위기의 환기가 부드러운 용해의 방법인 한, 현실을 살아내는 치열성의 구체적 표현에까진 이르지 못한다. 그것은 그 구체적 표현의 전 단계인 의지의 표명 속에 그치고 만다. 생존의 가쁘고 긴 호흡을 전달해 주기에는 미흡한 것이다. 그래서 부드러운 분위기의 환기는 순간적인 아름다움 속에서 고통과 희망의 변증법적 합일을 보여준다. 시인이 〈오늘 밤〉〈그날 밤〉 등 일회성의 시간 개념을 시 속에 자주 명시하는 것은 그 아름다움의 순간성 때문이다.

> 아들을 그리워하는 어머니의 울음소리가
> 오늘밤에는 강을 건넌다.
> ──「서울을 떠나는 자에게」

> 복사꽃 살구꽃 찔레꽃이 지면 우는
> 너의 눈물은 이제 달디단 꿀이다.
> 나의 눈물도 이제 너의 달디단 꿀이다.
> ──「꿀벌」
> (고딕은 인용자)

 그 짧은 순간을 긴 호흡으로 바꾸기 위해서는 분위기 일깨움의 방법 또는 분위기의 내포가 변환되어야 한다. 부드러움에서 치열함으로. 정호승의 시에서는 아직 부드러움과 치열함의 변증법은 보이지 않는다.

6

 시인의 인식 태도와 시적 방법은, 시인의 비전을 구체적 현실로부터 발견해 낼 수 없게 하기 때문에, 아니면 그 발견이 아직 집단적·사회적 의의를 형성하지 못하기 때문에, 시인으로 하여금 현실 속에 몸담는 것을 더욱 괴롭게 한다. 그래서 그는 자꾸 과거에 기대려고 한다.

> 날마다 사랑의 바닷가를 거닐며
> 절망의 물고기를 잡아먹는 그는
> 이 세상 햇빛이 굳어지기 전에

> 홀로 컨 인간의 등불.
> ——「시인 예수」

처럼 그것은 과거에 보였던 올바른 삶을 향한 노력·의지의 한 순간의 인간적 체현에서 고통스러운 삶을 넘어설 수 있는 가능성의 흔적을 발견하고 그것에 의지한다.

> 그날 밤 나는 영등포 어느 여관방에서
> 다산 시집을 읽으며 눈물의 잠이 들었다.
> ——「그날 밤」
> (고딕은 인용자)

같은 귀절도 과거에의 기댐의 한 징표이다. 때문에 정호승의 희망은 〈희망의 추억〉(「밤길에서」)이다. 하지만 그는 추억 속에 완전히 안주해 있지 않다.

> …… 나는 내 이웃을 위하여 괴로워하지 않았고, 가난한 자의 별들을 바라보지 않았나니, 내 이름을 간절히 부르는 자들은 불행하고, 내 이름을 간절히 사랑하는 자들은 더욱 불행하다.
> ——「서울의 예수」

같은 예수의 발언이나 〈고통 속에 넘치는 평화, 눈물 속에 그리운 자유는 있었을까〉(「서울의 예수」)의 과거에 대한 의문형이 보여주듯이, 시인이 의지하는 과거는 끊임없이 흔들리고 의혹 속에 놓이는 안타까운 과거이다. 그렇다면 그 과거는 현실 속에서 새롭게 발견해 내어야 할 과거이다. 아니, 희망은 더 이상 과거가 아니라 현실에서 미래로 이어지는 생산과 창조의 희망이어야 한다. 정호승은 아직 그것을 보여주지 못한다. 하지만 그것을 완전히 배제하고 있지도 않다. 추억 속에 안주할 수 없기 때문에. 정호승 문학의 현재 위치는 현실의 삶을 일깨워주는 분위기로서의 추억과 미래의 정당한 세계를 준비하는 현실의 생동하는 힘 사이에 있다. 그 자리에서 새로이 출발할 정호승의 시적 작업이 어떻게 전개될 것인가는, 부분적으로는 시인 자신의 몫이지만, 부분적으로는 독자의 몫이기도 하다. 나는 독자의 한 사람으로서, 그에게 살아감의 슬픔보다는 살아냄의 방식·양상·힘에, 경험의 정서적 구체성보다는 생존의 논리적 구체성에 더욱 관심을 가지기를 권유하고 싶다.

(문학평론가 · 충남대 교수)

연보

1950년 1월 3일 경남 하동 출생.
1965년 대구 계성중학교 졸업.
1968년 대구 대륜고등학교 졸업.
1968년 경희대학교 문리대 국문학과 입학.
1970년 육군 입대.
1972년 만기 제대. 《한국일보》 신춘문예에 동시 「석굴암을 오르는 영희」 당선. 김요섭 선생에 의하여 《현대시학》에 시 추천.
1973년 《대한일보》 신춘문예에 시 「첨성대」 당선. 《1973》 동인지 시작.
1976년 경희대학교 문리대 국문학과 졸업. 숭실 고등학교 교사. 《반시》 동인지 시작.
1979년 시집 『슬픔이 기쁨에게』 출간.
1982년 《조선일보》 신춘문예에 소설 「위령제」 당선. 시집 『서울의 예수』 출간.
1986년 경희대학교 대학원 국문학과 졸업.
1987년 시집 『새벽편지』 출간. 조선일보사 《월간조선》부 근무.
1989년 제3회 소월시문학상 수상.
1990년 시집 『별들은 따뜻하다』 출간.
1991년 시선집 『흔들리지 않는 갈대』 출간.

1993년   장편소설 『서울에는 바다가 없다』 출간.
          장편동화 『에밀레종의 슬픔』 출간.

오늘의 시인 총서 15
서울의 예수

1판 1쇄 펴냄 1982년 10월 30일
1판 18쇄 펴냄 1994년 3월 20일
2판 1쇄 펴냄 1995년 11월 20일
2판 15쇄 펴냄 2022년 5월 25일

지은이 정호승
발행인 박근섭, 박상준
펴낸곳 ㈜민음사

출판등록 1966. 5. 19. (제16-490호)
서울특별시 강남구 도산대로1길 62(신사동)
강남출판문화센터 5층 (우편번호 06027)
대표전화 02-515-2000 팩시밀리 02-515-2007
www.minumsa.com

ⓒ 정호승, 1982, 1995. Printed in Seoul, Korea

ISBN 978-89-374-0615-7 04810
ISBN 978-89-374-0600-3 (세트)

* 잘못 만들어진 책은 구입처에서 교환해 드립니다.